나는 여전히
분홍색 원피스를
꿈꿔요

나는 여전히 분홍색 원피스를 꿈꿔요

멈춘 시간 속, 비장애 사회를 향한 나의 분투기

초 판 1쇄 2025년 07월 09일

지은이 박세아
펴낸이 류종렬

펴낸곳 미다스북스
본부장 임종익
편집장 이다경, 김가영
디자인 윤가희, 임인영
책임진행 김요섭, 이예나, 안채원, 김은진, 이예준

등록 2001년 3월 21일 제2001-000040호
주소 서울시 마포구 양화로 133 서교타워 711호
전화 02) 322-7802~3
팩스 02) 6007-1845
블로그 http://blog.naver.com/midasbooks
전자주소 midasbooks@hanmail.net
페이스북 https://www.facebook.com/midasbooks425
인스타그램 https://www.instagram.com/midasbooks

ⓒ 박세아, 미다스북스 2025, *Printed in Korea.*

ISBN 979-11-7355-305-9 03810

값 19,000원

※ 파본은 구입하신 서점에서 교환해드립니다.
※ 이 책에 실린 모든 콘텐츠는 미다스북스가 저작권자와의 계약에 따라 발행한 것이므로 인용하시거나 참고하실 경우 반드시 본사의 허락을 받으셔야 합니다.

미다스북스는 다음세대에게 필요한 지혜와 교양을 생각합니다.

나는 여전히 분홍색 원피스를 꿈꿔요

박세아 지음

멈춘 시간 속, **비장애 사회를** 향한 나의 분투기

미다스북스

✧✧✧

프롤로그

분홍색 원피스를 희망하며

저는 30대 중반의 여성입니다. 결혼을 안 했으니 미혼이고요. 일하지 않으니 백수이지요. 한적한 논산 어느 마을에 강아지와 둘이 살아요. 울타리 안에서 부모님이 챙겨 주는 모이를 받아먹으며 포동포동하게 살이 오른 닭 같은 사람입니다.

스물두 살의 어느 날 저는 과도한 스트레스와 충격으로 쓰러졌습니다. 그 뒤로 저는 마법에 걸렸습니다. 정말 마법에 걸렸어요. 평범한 일상을 살다가 갑자기 누군가 정지 버튼을 누른 것처럼 몸이 꼼짝하질 않습니다. 오늘 아침에만 해도 멀쩡했는데 갑자기 걷질 못하고, 전신이 떨리고, 쓰러지고, 일어서지 못하는 경험.

'에이, 말도 안 돼.'

쓰면서도 말이 안 된다고 생각합니다. 하지만 모두 사실이에요. 10년 넘게 정지 버튼이 눌린 채 붙들려 살고 있습니다. 갑자기 팔다리가 움직이질 않거나, 때로는 발이 뒤틀리기도 합니다. 그러나 몇 달이 지나면 멀쩡해지지요. 의사들은 이를 '전환 장애'라고 부르지만, 저에게는 그저 일상을 멈추게 하는 마법 같습니다.

살다 보면 누구나 예상치 못한 일을 겪게 되지요. 가족과 사이가 멀어지거나 태풍처럼 어마어마한 상처에 삶이 송두리째 뽑히기도 합니다. 멀쩡하다가 큰 병에 걸릴 수도 있습니다. 그러다 어느 순간 '남들처럼' 살지 못하는 내가 되었다고 느끼는 순간, 불행의 나락으로 떨어진 듯해 비명을 지릅니다.

'내가 뭘 잘못했다고!'

나는 우물 안 개구리, 닭장 안 병아리입니다. 하지만 사회로 한 걸음 나아가고 싶었습니다. 이력서를 내밀고 일자리를 구했어요. 어울리기 위해 모임에도 나갔지요. 하지만 세상 속으로 한 발 내딛는 것도 잠시였습니다. 제 몸과 마음이 얼어붙었기 때문이에요. 원망과 불안, 불편한 몸에 대한 주변의 시선들. 그 속에서 저는 동상처럼 굳어 버렸어요.

'이렇게 살 수밖에 없는 건가.'

복잡한 마음을 어떻게 해야 할지 몰라 울기만 하던 중 메모지가 눈에 들어왔습니다.
'언제쯤 다른 사람들처럼 사회생활을 할 수 있을까?'
머릿속에 떠오르는 생각을 종이에 옮겨 적었습니다. 누에고치가 실을 뽑아내듯 끝도 없이 신세 한탄을 늘어놓았어요. 속이 텅 비었다고 느낄 때까지요. 그렇게 게워 내고 털어 내면서 조금씩 내가 보였습니다.

'많이 지쳤구나.'
'이토록 힘들었구나.'

방구석에서 마음을, 귀를, 눈을 닫고 살아온 내가 보였습니다. 나를 거부하고 살아온 스스로를 만났죠. 꾸역꾸역 삼켜 버린 감정들이 느껴졌어요. 네, 그래요. 세상을 마주하기 전에 나 자신부터 마주해야 했습니다.

그제야 알았습니다. '그저 몸이 아픈 거라 여겼는데, 나는 마음이 아픈 거였구나.'

그날 이후 틈틈이 메모했습니다. 꽁꽁 닫힌 마음에 숨구멍을 내었죠. 하지 못한 말들, 하고 싶은 말을 다 적었습니다. 마음의 밑바닥이 드러날 때까지 써 내려갔죠. 신기하게도, 땅속에서 봇물 터지듯이 쓰고픈 말들이 늘어났어요. 오랜 세월 깊게 묻힌 것을 끄집어냈습니다. 그중에는 하고 싶은 것들도 있었어요. 취직해야지, 배워 봐야지, 분홍색 원피스를 입어 봐야지.

사람은 원하는 게 없다면, 괴롭지 않습니다. 시들시들한 식물처럼 무기력할 뿐이죠. 무언가를 원한다는 건, 그런데 이루지 못해 괴롭다는 건 잘 살아 보고 싶다는 증기겠죠.

이 책은 신체적, 정신적 어려움으로 인해 일상이 정지된 한 사람의 이야기입니다. 제 이야기가 대단한 위로가 되리라 생각하지는 않아요. 나만 삶이 정체되었다고 느끼는 누군가와 저의 여정을 나누고 싶어요.

몸이 불편해서, 불안해서, 밖에 나가기가 무서워서. 어떤 이유로든 방 안에 웅크린 채 살아가는 이들이 우리 주변에 있지요. 저와 같은 친구들에게 '그럼에도' 나아가는 이야기를 나누고자 합니다.

그럼에도 이력서를 돌리고,
그럼에도 나아지리라는 기대로 운동을 하고.
작은 발자국이라도 매일 내딛는 용기.

그 발걸음의 끝이 화창한 일상으로, 세상으로 한 걸음씩 향한다면 좋겠습니다.

목차

프롤로그 004

– 분홍색 원피스를 희망하며

원피스를 입을 수 없는 30대 백수

· 천 근 같은 몸, 그래도 현관문을 열다	015
· 친구 찾아 삼만 리	020
· 한 달 용돈 50만 원	029
· 경계에 걸쳐진 사람들	034
· 아픈 사람이 일하러 왔어?	040
· 피규어 판매점 아르바이트	050
· 그래도 문을 두드리는 이유	055

2부 병동 너머의 삶, 내딛는 희망의 걸음

- 정신과 의사를 만난다고요? 065
- 떨림과 불안 속 치유 071
- 나는 당신이 살았으면 좋겠습니다 074
- 종이학이 날아든 아침 080
- 닫힌 문 안의 온기 086
- 백설 왕자와 어머니 091
- 콜라 한 모금의 위로 095
- 아픔과 위로 사이 100
- 천천히, 그래도 걸어간다 104

3부 멈춘 일상 속 희망으로 살아가기

- 거울 속 나에게 113
- 세 걸음 뒤로, 한 걸음 앞으로 118
- 멈춰 선 일상에서 발견한 것들 124
- 『잠수종과 나비』가 초대한 세상 128
- 양말 한 짝에서 시작된 여정 132
- 휠체어에서 세상 바라보기 136
- 지우지 못할 말들의 흔적 146
- 위로가 되는 삶을 위해 152
- 하얀 구름을 품에 안고 싶었던 날들 159
- 동반자를 맞이한다는 것 162

4부 가깝고도 먼 가족의 형태

- 아물지 않은 기억 173
- 원하지 않은 선택 178
- 아빠가 편찮으신 건 나의 잘못 184
- 비교와 판단, 존중의 부재 189
- 미완의 화해, 그리고 나의 치유 193
- 고모라는 그림자 196
- 과거의 상처에서 벗어나기 위해 202
- 초롱이가 열어 준 마음의 문 207
- 병실에서 바라본 사랑의 풍경 214
- 시간의 무게 218

5부 살며시 찾아온 봄, 원피스를 꿈꾸다

- 기다림도 용기다 227
- 마음의 창을 열고 233
- 걱정을 넘어, 자유의 발걸음 239
- 푸른 텃밭이 있는 나의 집 243
- 『마이크로 리추얼』과 나의 여정 249
- 함께 살아가는 방법 257

에필로그 261
- 분홍색 원피스를 고르며

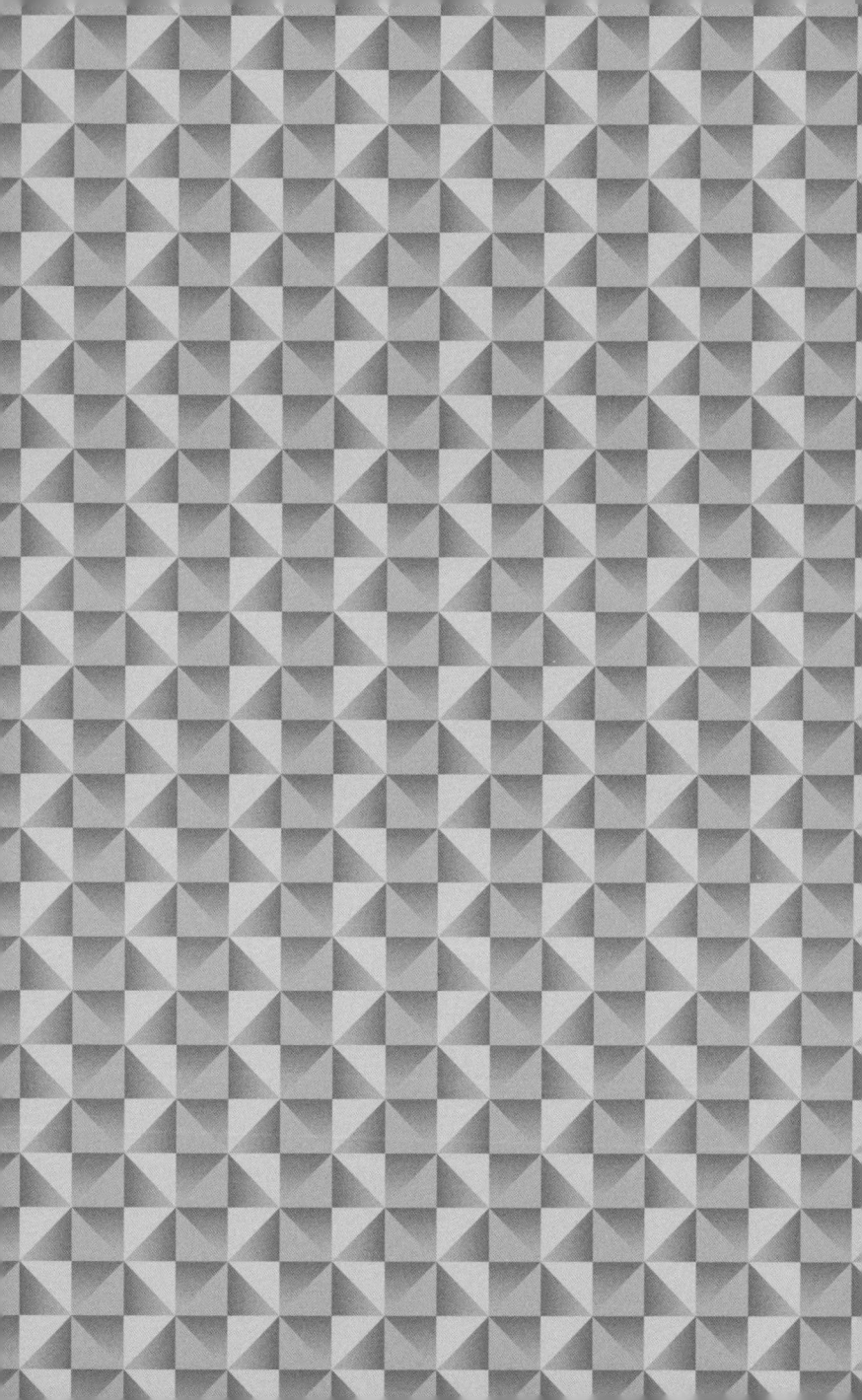

원피스를 입을 수 없는 30대 백수

"왜 내 삶을 경계 안에 묶어 두어야 하는 걸까. 무엇을 위해서. 나를 지키려면 나 스스로 애매하다 생각하지 말고, 이러한 삶도 있다고, 경계 넘어 우뚝 서 볼 일이다. 몸이 불편해도 춤출 수 있고, 일할 수 있다고, 맘껏 웃을 수 있다고, 그렇게 살아 볼 일이다. 무엇이 내 삶을 위한 것인지 더 이상 타인의 정의에 의존하지 않기로 했다. 경계는 나를 가두는 선이 아니라, 내가 넘나들며 확장해 나가 분홍색 원피스를 꿈꾸는 시작점이니까."

✦✦✦

**천근 같은 몸,
그래도 현관문을 열다**

띠리리 띠리리.

아침 6시면 어김없이 알람이 울린다. 이상하다. 어차피 이 컴컴한 새벽에 일어날 것도 아니면서 왜 새벽 시간에 알람을 맞춰 놓았는지. 저항하듯 이불을 뒤집어쓴 채 다시 잠이 들었다. 한참 자다가 몸을 뒤척거렸다. 스르륵 눈을 뜨니 주변이 환해 이마를 찌푸릴 정도다.

'일어나? 말아?'

눈을 슬쩍 감아 보지만 더 자는 게 곤욕이다. 등은 배기고, 화장실 배도 살짝 부른지라 일어나긴 해야 했다.

손을 더듬거려 스마트폰을 쥐었다. 하릴없이 인터넷 뉴스를 보고, 화면에 뜨는 대로 유튜브 영상을 보았다. '30대 여성의 일상?' 어, 나와 비슷한 또래다. 영상 속 그녀는 몸매가 길쭉하니 호리호리하다. 아침에 일어나 오물오물 시리얼을 먹더니 곱게 화장했다. 눈썹 없는 얼굴에 갈매기 눈썹이 그어지더니 눈매가 또렷해졌다. 볼에 생기를 입히고 립스틱까지 칠하자 영 딴사람이 됐다. 나는 그녀의 변신술이 놀라워 멍하니 쳐다보았다. 그러다 고갤 들어 화장대 거울을 들여다보고 경악을 금치 못했다. 사방으로 이글이글 뻗친 머리는 태양신의 형상이 떠올랐고, 누런 호빵처럼 부은 얼굴에 두 눈이 파묻혀 눈동자만 간신히 보였다.

'정말 가관이네.'

날씨가 제법 쌀쌀해졌다며, 영상 속 그녀는 옷장에서 두툼한 가을 코트를 챙겨 입고, 지하철역으로 또각또각 걸어갔다. 그러고 보니 목 언저리가 어째 서늘해진 것 같다.

'며칠 안 나갔더니 가을이 오는 것도 몰랐네.'

영상은 찰랑거리는 그녀의 긴 생머리 뒤로 은은한 샴푸향 같은 여운을 남기며 끝났다.

별거 없는 남의 일상이지만 보고 나면 기분이 묘했다. 그녀에겐 기상해야 할 시간이 있고, 가야 할 일터가 있으며, 퇴근 후 약속이 있다. 그녀의 일상이 '있다'로 시작해 '있다'로 끝난다면, 내 일상은 반대다. '없다'로 시작해 '없다'로 끝난다.

기상 시간 딱히 없음.
직장 없음.
약속 없음.

내 일상은 텅 비었다.
'일어날까 말까?'
'밥을 먹을까 말까?'
그리다 만 그림처럼 흐지부지하다. 아! 뒤져 보면 내 일상에도 '있다'가 존재하긴 한다. 초롱이가 있다! 아침 9시가 넘어서 나를 이불 밖으로 끄집어낸 건 식사 준비도 아니고, 운동도 아니고, 그렇다고 목욕도 아니다. 나의 유일한 책무, 강아지 밥 주기다.
"아이고, 배고프겠어."
거실로 나가자 초롱이가 꼬리를 흔들며 갈구하는 눈빛으로 나를 쳐다본다. 후다닥 사료를 지퍼백에 넣은 뒤 후추통을 망치 삼아 사료를 자잘하게 부순다. 부순 사료에 물을 섞어 15분 정도 기다리면 강아지가 먹을 수 있는 부드러운 상태가 된다. 그사이에 나는 지난밤에 싼 강아지 똥을 치운다. 일력을 뜯어내고 새날을 맞이하듯이 새 배변 패드를 꺼내 펼친다. 어쩌면 내가 몸뚱이를 일으켜 하루를 열어야 하는 유일한 이유가 이 작은 강아지 한 마리인지도 모르겠다. 그러니까 내가 하루 중 하고 싶어서, 최소한의 정성이라도 들이는 게 바로 초롱이 돌보기다.

유튜브 속 그녀는 구독자에게 질문을 던지거나 고민을 털어놓는다. 보고서 자료를 늦게 만들어 꾸중을 들었다며 상사를 씹었다. 몇 년 전 두어 달 아르바이트할 때, 가게 사장에게 혼난 적이 있는지라 그녀 심정이 이해가 갔다. 그때 난 열심히 다니려고 했지만, 증상이 심해져 결석을 했고 핀잔을 받았다. 그것도 한 군데가 아니라 내가 일한 모든 가게에서 그러자 더는 아르바이트 지원을 할 수 없었다. 용기가 사라졌다.

영상은 어느새 마무리에 가까워졌다. 밤이 어둑해지고 얼굴이 퀭한 상태로 집에 들어오는 그녀가 보였다. 안쓰러움에 동병상련을 느끼면서도, 외부자로서 느끼는 이 안도감은 뭐라고 해야 하나. 내 일상에는 나를 꾸중할 상사가 없다는 마음에서 오는 걸까?

모든 일에는 양면이 있다. 꼴 보기 싫은 상사가 없다는 건, 이대로 괜찮다는 건 더는 내 인생에 일할 곳이 없고, 앞으로 나아가지 않는다는 얘기다. 흠, 시무룩하다. 그런데 곰곰이 생각하면 나는 뭔가를 하고픈 게 분명하다. 아침 6시에 알람을 맞추어 놓은 걸 보면 그렇다! 영상 속 그녀처럼, 출근길에 서두르는 사람처럼, 학교에 가는 학생처럼. 이른 아침에 일어나 부지런히 몸을 움직여 무엇이든 하고 싶은 게 분명하다. 그게 뭔지 아직은 모르겠지만.

늦은 오후 다시 영상 속 그녀를 보고 있는데 스마트폰이 울렸다.

"오늘 점심에 또 면 삶아 먹었지? 어이구. 밥을 먹어야지. 어서 건너와."

부모님은 나와 가까이 산다. 느긋느긋 운동한다 생각하고 15분만 걸으면 되는데 엉덩이가 천근만근이다. 옷을 갈아입고, 신발을 신고 현관문을 나가기까지 죽느냐 사느냐 사투를 벌였다. 그러다 겨우 현관문을 열고 발을 내디뎠다.

친구 찾아 삼만 리

스마트폰이 며칠째 입을 꾹 다물고 있다. 기상을 위해 쩌렁쩌렁하게 맞춰 놓은 알람을 제외하면 종일 조용하다. 처음엔 신경 쓰지 않았다. 일부러 무음 모드로 설정할 필요가 없으니 오히려 편했다. 하지만 시간이 지날수록 혼자 굴속에 들어간 듯한 기분은 뭐람. 종일 입을 봉하고 있으니 밋밋하고 답답했다.

'가만있어봐. 비밀번호 패턴이 뭐였더라?'

기억을 더듬어 손가락을 패드 위에 이리저리 움직여 하릴없이 통화 기록을 살폈다. 마지막으로 통화 한 날짜가 일주일 전이다. 엄마, 엄마, 또 엄마. 가물에 콩 나듯 스팸 전화가 온 걸 제외하면은 내 통화 기록엔 오직 엄마뿐이다.

"카톡 카톡."

반가운 소리에 뭘까 싶어 들어가 보니 광고다. 순간 무언가 기대했던 내가 바보 같아 한숨이 나왔다.

내 전화번호부 연락처는 단출하다. 초등학교 한 반에 학생이 스무 명 남짓이라는데 내 연락처는 반 출석부보다도 짧다.

'이대로는 안 되겠어.'

고적한 일상을 탈피하고자 스마트폰 애플리케이션을 뒤적거리며 온라인 만남을 찾아봤다.

'이왕이면 영어 공부도 하고, 친구를 사귀면 좋지 않을까?'

사람이 북적대고 별점이 높은 곳을 찾아 가입했다. 외국인 친구를 사귀어 보겠다며 들어간 애플리케이션은 지구 마을 축소판이나 다름없었다. 까맣고 하얗고 누런 피부색이 한데 어우러져 있었다.

'이 사람은 대화를 자주 나누나 보네.'

이름과 자기소개를 친절하게 남긴, 거기에다가 미소까지 밝은 한 사람이 눈에 들어왔다. '나에게 말을 걸어 주세요. 좋은 친구가 되어 드릴게요.'라는 듯한 표정에 냉큼 다가갔다.

'Hello. Nice to meet you.'

두근거리는 마음으로 글을 남긴 후, 기다렸는데 답이 없다. 음, 다른 사람에게도 말을 걸었지만 아무 반응이 없었다. 이건 뭐지? 다들 메시지를 확인 안 하는 건가? 아님 내가 별로인 건가? 프로필 사진에 얼굴 대신 강아지 사진을 걸어 두어서 그런가? 그래서 근사한 한국인 친구나 애인을 만들겠다는 그들의 기대에 내가 못 미친 걸까? 누군 온라인 채팅으로 친구도 사귀고, 애인도 만들고, 결혼도 한다는데. 나는 대화 한 번 주고받기가 이토록 어려울 줄이야. 여러 번 퇴짜 맞자 마음을 접었다. 다시 입에 가시 돋치는 침묵이 이어졌다.

며칠째 스마트폰만 만지작거렸다. 나에게 친구는 사치라는 생각이 들면서도 미련이 남았다. 내가 이토록 사교적이었나? 며칠 굶으면 별 반찬 없이도 밥이 뚝딱 넘어가는 것처럼 나는 허기져 있었다. 대화에 굶주렸다. 그 최소한의 사회성이 아직 퇴화되지 않았는지 어느 날 카카오톡 오픈채팅방이 눈에 들어왔다.

'구공 백말 띠 친구들'

7년이 넘는 긴 역사와 스무 명 남짓한 동갑 친구들이 모인 자그마한 아지트 같은 곳이다. 스르륵 채팅방 문을 열고 내부를 살폈다.

'20대에 이곳에 들어왔는데 벌써 30대 중반이야.'

'이렇게 오랫동안 있게 될 거라고 생각도 못 했어.'

나중에 알게 되었는데 대부분이 초창기부터 함께한 사이다.

'나 서울 올라간다. 혹시 이날 시간 되는 사람 있어?'

'나 가능해. 어디서 만날까?'

각지에 사는 친구들은 자연스럽게 약속을 잡았고, 만나서 뭘 먹었는지, 어떻게 놀았는지 인증 사진을 올렸다. 나는 강 건너에 있는 사람 심정으로 그림의 떡 같은 사진을 한참 들여다보곤 했다. 삼삼오오 테이블에 붙어 앉아 웃긴 표정을 짓고, 맥주잔을 부딪치는 그 왁자한 분위기 속으로 들어가고 싶었다.

연두색 배경을 뒤집어쓴 채 '꼬마'라는 닉네임으로 입장했다. 나를 꼭 드러내지 않아도, 치장하지 않아도 된다는 사실에 마음이 놓였다. 오프라인 모임이었다면 갈 엄두를 내지 못했을 것이다. 몇 년째 친구를 만나지 않은 나로선 신경 쓸 것이 한두 개가 아닐 테니까. 가기 전부터 머리가 지끈거릴 게 분명하다. 우선 적당한 옷을 골라야 하고, 나보다 버스가 정류장에 먼저 오면 짝짝이인 다리로 어떻게 걸어야 하나 걱정부터 앞선다. 처음 가는 곳이라 못 찾으면 어쩌나 쩔쩔매고, 모임 장소에 들어가 눈이 마주칠 때면 무슨 말을 할지 생각하느라 진땀을 뺄 것이다. 그에 비하면 온라인은 한결 수월하다. 얼굴을 마주하지 않고, 짧은 문장으로 대화만 나누면 그만이다. 무슨 말이든 꼭 이어가야 할 것 같은 압박감도 침묵이 주는 어색함도 채팅창에는 없다.

'안녕하세요. 잘 부탁합니다.'

'환영합니다.'

상투적인 인사였지만 누가 날 반기는 소리를 오랜만에 듣자 마음이 찰랑거렸다.

'다들 뭐해? 얼른 새 친구 반기지 않고.'

'오~ 반가워.'

환영하는 인사가 돌림 노래처럼 이어졌고, 다들 내게 다가와 한 마디씩 건넸다.

'나는 이 방의 이인자야.'

'나는 깡패를 맡고 있지.'

'나는 꼴찌야. 힘이 없어.'

'에이~'

뜨겁지도 차갑지도 않은 관심이 전해지는 그곳의 온도는 내가 긴장을 풀고 다가가기에 적당했다. 이력서를 보냈다는 둥, 면접을 보았는데 퇴짜를 맞았다는 둥, 시시콜콜한 수다에 친구들은 어떤 식으로든 반응했다.

'어머나 떨리겠다.'

'그랬구나. 다음엔 잘 되겠지.'

그것이 상투적인 반응이었을지라도 누군가가 내 말에 귀를 기울인다는 것은 막힌 숨통을 트이게 했다. 나도 모르게 마음에 세워진 벽, 나를 가둬 둔 벽이 점차 낮아지다가 사라지는 느낌이었다. 모처럼 방 안 창문을 활짝 열고 상쾌한 바람을 들이마시는 느낌이랄까.

2년이 훌쩍 흘렀다. 자판을 두드리며 대화만 나누다가 드디어 시산이 맞아 만날 수 있는 기회가 생겼다. 서울에 있는 돈가스집에서 만나기로 약속한 뒤 가슴이 두근거렸다. 다들

안면을 텄지만, 나는 첫 만남이었기에 모든 게 낯설다. 내가 누군지 알아볼까? 만나면 무슨 말부터 해야 하지? 실수하면 안 되는데. 낯선 상황에 놓일 생각을 하니 오만가지 걱정이 바글거리면서 머릿속이 복잡해졌다.

'그래도 만나고 싶어.' 마음은 강건했다.

모임을 하루 앞두고, 인생의 결전을 앞둔 사람처럼 이불 속에서 밤늦게까지 뒤척거렸다. 다음 날 아침 알람이 울리기도 전에 눈이 번쩍 뜨였다. 교통 카드, 체크 카드, 여윳돈, 혹시 몰라 우산까지. 뭐 하나 빠뜨린 게 없나 점검 또 점검. 그렇게 해서 드디어 돈가스집 문을 열고 들어갔다.

"꼬마 맞지?"

그 말 한마디에 몸을 칭칭 감은 듯한 긴장이 스르르 풀렸다.

"꼬마. 아니지, 만났으니까 이름을 불러야지. 오늘 신나게 놀자."

"야, 처음 만났는데 애 놀라게 하지 마."

"만나서 반가워. 얼마나 보고 싶었는지 몰라."

2년 만에 베일을 벗고 나타난 내가 누군지 궁금했었나 보다. 왜 닉네임이 꼬마인지, 집은 어딘지, 강아지 사진을 보여 달라는 등. 시시콜콜한 대화들에 나는 알딸딸해졌다. 모임에 나오기까지 온갖 시나리오를 쓰고, 대화를 짜던, 쫄보였던 나를 생각하니 피식 웃음이 났다.

 나와 줘서 고맙다는 말을 들었을 때는 눈물이 날 뻔했다. 뭐가 고맙다는 거지? 방구석에만 있던 내가 옷을 입고 엉덩이를 일으켜 버스를 타고 이곳에 오기까지 얼마나 많은 세월과 각오와 용기가 필요했는지 아는 걸까? 헤어지기 전 한 친구가 종이 가방을 주었다.
 "마카롱이야. 집에 가서 맛있게 먹어."
 집에 돌아와 마카롱을 먹었다. 동글동글하고 달달한 하루의 여운이 입안까지 사르르 녹는 듯했다.

 '굿 모닝. 오늘도 힘내봅시다.'
 '너도. 조금만 더 버티면 주말이다.'
 '감기는 나아졌어?'
 채팅창에 오가는 그 뻔한 말, 시시콜콜한 관심이 내게는 자양 강장제보다도 큰 활력이 되었다. 카톡 숫자가 올라가면 누가 먼저 글을 남겼는지 확인하는 것이 하루 일과의 시작을 알린다.

'요즘 일 때문에 정신없어 대화에 참여하기가 힘드네. 정리되면 돌아올게.'

힘든 일 때문에 마음을 추스를 시간이 필요하다는 친구가 종종 있다. 그렇게 나간 친구는 정리가 되면 다시 돌아온다. 그래서 이 방은 연어 방이라 불린다. 결국 돌아오기 때문에 기다리면 다시 만날 수 있다는 의미에서 말이다. 고향처럼 언제든 돌아올 수 있는 곳. 내게도 생겼다. 드디어!

✦✦✦
한 달 용돈 50만 원

"어떤 일을 하세요?"

"아…. 건강 문제로 일을 안 하고 있어요."

사람들이 내게 이런 질문을 하면 대화는 금방 끝난다. 일하지 않고, 아프다고 하는데 대화가 이어질까.

"어, 그럼 어떻게 지내셔요?"

"부모님과 함께 살아요."

"아~"

어떻게든 대화를 이어가기 위해 질문하는 사람이 있다. 그러면 항상 상대방의 마지막 대답은 '아~'로 끝난다. 이 '아'에는 차마 말하지 못하는 함축적 의미가 담겨 있겠지. 나는 건강 문제로 일을 못 하고 있고, 이 생활은 10년이 넘게 이어졌다.

17일. 용돈 50만 원이 들어오는 날이다. 콩알만 해졌던 심장이 제 크기로 돌아오는 날이기도 하다.

'휴, 무사히 한 달을 넘겼구나!'

고비를 겨우 넘긴 사람처럼 안도의 한숨을 내쉰다. 매달 말일이 가까워지면 하루에도 여러 번 은행 애플리케이션을 확인한다.

'왜 돈이 이것밖에 안 남았지? 아, 대중교통비가 나갔구나.'

'그래도 왜 돈이 얼마 없지? 아, 얼마 전에 친구 생일이었지.'

하루를 설렁설렁 보내더라도 주머니는 쥐어짜고, 빈틈없이 살폈다. 허투루 쓴 돈 없나, 새어 나가는 돈 없나.

살기 위해 비상식량을 쟁여 두는 전사처럼, 만약을 대비해 최소한의 돈을 비상금으로 갖춘다.

내 씀씀이에 대해 말하자면 먼저 강아지에게 필요한 용품을 사고, 개인 물품을 구매한다. 그러면 용돈이 아슬아슬하게 남는데 전부 다 쓰면 다음 달을 대비할 수 없기에 어떻게든 남겨 놓는다. 하지만 인생이 계획대로 흘러갈 리가 없는 법. 미처 생각하지 못한 지출이 발생하기 마련이다.

'잊어버릴 뻔했네. 며칠 뒤 엄마 생신이지.'

몇백 원 하는 콩나물 앞에서 한참을 고심하고, 마트를 왔다 갔다 하며 가격을 비교하는 주부 심정이 이해가 갔다.

'사료 공동 구매는 내일모레까지 받겠습니다. 잊지 말고 일대일 채팅방으로 말해 주세요.'

'세아 님을 위한 쿠폰이 준비되어 있습니다. 기간은 이번 주 주말까지. 잊지 말고 사용하세요.'

돈 아끼는 궁리만 늘어 가는 나. 예전에는 짠순이를 보면 지독하다며 쯧쯧댔는데, 어느새 더 지독한 스크루지가 됐다.

'왜 이렇게 살아야 하지?'

취업을 하고, 월급으로 적금을 붓고. 성인이 되면 한 사람의 몫을 하는 게 당연한 거라 생각했고, 그렇게 될 줄 알았다. 그런데 당연하게 돌아가지 않는 삶도 존재한다는 길 받아들이기까지 오랜 세월이 걸렸다. 10년 넘게 부모님 도움 없이는 살 수 없는 사람이 되었다니. 뉴스에서 보던 부모 주머니 속에 들어가 사는 캥거루족이 바로 나였다.

서른이 훌쩍 넘어서도 용돈에 기대 살아오면서 자괴가 밀려왔다. '지은보은'이라는 말이 있다. 남이 베풀어 준 은혜를 알고 그 은혜를 갚는다는 뜻이다. 받은 만큼 돌려주는 게 도리이고, 고양이도 쥐를 물어 와 은혜를 갚는다는데 사람인 나는 고양이보다 못하다. 효도는 고사하고 부모님께 용돈조차 드릴 수 없는 나. 불안함에 남은 돈을 수시로 확인하고, 얼마까지 쓸 수 있는지 따져 볼 때마다 내가 작아지고 작아져서 땅속에 묻히는 심정이다. 그럼 돈을 벌면 문제가 해결되지 않느냐고 하겠지? 그것은 내게 사법 고시 합격만큼이나 어려운 일이다. 여러 일터에 문을 두드렸지만, 받아 주는 곳은 드물었다. 받아 준다 해도 고용주가 내 처지까지 이해하기엔 무리였다.

"재택근무를 해."
"요즘 유튜브 활성화로 편집자를 많이 구하더라. 한 번 시도해 봐."

재택근무를 찾아봤지만, 경력이 없고, 서른이 넘는 나이에 걸려 할 수 있는 일이 거의 없다. 영상 편집 기술을 익히기 위한 공부의 길도 쉽지 않다. 때로 손이 움직이지 않고, 깨질 듯한 두통으로 인해 고통에 시달리다 두 손 두 발 다 들었다. 하늘이 무너져도 솟아날 구멍이 있다는데 그 구멍을 찾을 수 없다. 밥값 하고 살 궁리를 위해 오늘도 취업 사이트를 떠다니고 있다.

❖❖❖
경계에 걸쳐진 사람들

 세상은 간편하게 이분법적으로 나눠진다. 남자와 여자, 아이와 어른. 그런데 들여다보면 그 경계에 걸쳐진, 보이지 않는 사람들이 많다. 간단하게 정의해서 그렇지 어디에도 포함되지 않는 사람이 꽤 된다는 걸 겪어 보지 않으면 모른다.

 나는 양손잡이다. 양손잡이라는 표현이 맞는 것인지 모르겠지만 글씨를 쓰고, 젓가락질을 할 때는 오른손을 사용하고, 다른 활동에는 전부 왼손을 사용한다. 가위질, 칼질, 돈 세기 등 의식하지 못하는 것까지 왼손으로 한다. 카톡을 보내거나 뚜껑을 딸 때, 칫솔을 잡을 때도 마찬가지다. 이렇게 왼손을 많이 쓰지만, 왼손잡이라고 하기에는 애매하다. 가장 빈번하게, 또 긴 시간을 사용하는 글씨 쓰기, 젓가락질을 오른손으로 하기 때문이다. 음, 양손잡이라고 하면 글씨를 쓸 때나 젓가락질을 할 때 왼손, 오른손을 다 사용하지 않나.

어릴 적 어느 순간부터 연필은 오른손, 가위는 왼손으로 잡는 게 일상이 되었다. 여섯 살 무렵의 어느 날 유치원 친구가 한 말이 잊히지 않는다.

"너는 왜 손을 거꾸로 써?"

그 말을 이해하지 못했다. 나는 거꾸로 쓴 적이 없는데 왜 그런 말을 하는 거지? 그래서 다른 친구들이 물건을 사용할 때 어느 손을 사용하는지 유심히 살펴봤다. 그런데 친구의 말이 맞았다. 나만 다르게 물건을 사용하는 게 아닌가. 풀을 사용해서 색종이를 붙일 때, 트라이앵글을 칠 때, 탬버린을 연주할 때 나만 왼손을 사용했다. 같은 반 친구들 가운데 나와 같은 손을 사용하는 친구는 없었다.

'아, 내가 손을 반대로 사용하는구나.'

그때 알아차렸다.

학창 시절 학교에서 1년에 한 번 왼손잡이, 오른손잡이가 몇 명인지 파악했었다. 그럴 때마다 난감했다. 대수롭지 않게 넘어갈 수 있지만 애매한 나는 어디에 포함되어야 할지 몰랐기 때문이다. 오른손잡이라고 하기에는 왼손을 많이 사용하고, 왼손잡이라고 하기에는 학교생활 대부분을 할애하는 글쓰기를 오른손으로 하는 사람. 그럴 때마다 친구들의 의견은 분분했다.

"왼손을 많이 쓰니까 왼손잡이라고 체크해."
"그래도 글씨를 오른손으로 쓰는걸."
"내가 더 헷갈린다. 선택하는 게 중요한 걸까?"
"모르겠어. 그래도 확실하게 체크해야 하지 않을까?"

이 말도 맞고 저 말도 맞다. 매년 체크할 때마다 나는 오른손잡이가 되었다가 왼손잡이가 되었다.

한번은 반장이 다른 결론을 내린 적 있다.

"체크리스트에 맞게 꼭 작성할 필요 있어?"

반장을 맨 밑에 양손잡이라 쓰고 내 이름을 적었다. 약간의 애매함이 남았지만 틀린 말은 아니었기 때문에 재치를 보인 반장이 고마웠다.

남들과 다르다는 것, 어느 한 곳에 속하지 못한다는 건 남들에게서 내가 멀어진 느낌을 들게 한다. 어릴 때는 내가 애매한 사람에 해당한다는 걸 '그렇구나.' 하며 대수롭지 않게 여겼지만, 나이를 먹을수록 소외감을 느끼게 된다.

왼손잡이, 오른손잡이로 시작한 애매함은 성인이 되어도 계속 이어졌다. 정신과 치료를 받으면서 장애와 비장애의 경계에 놓이게 됐기 때문이다. 나는 정신과에서는 전환 장애라고 진단을 받고, 여러 번 입원을 했다. 주 증상은 몸의 떨림과 다리 마비. 그런데 보통 정신과라 하면 다리 마비보다 심리적인 증상을 떠올리지 않나? 우울증, 공황장애, 조울병, 불안 장애 같은.

다리가 꿈쩍하지도 않거나 몸이 부르르 떨리는 현상이 이어졌다. MRI, CT, 뇌파 검사, 피 검사 등 여러 가지 검사를 해도 모든 게 정상이란다. 정상이라는데 나는 증상으로 계속 고통받는다. 그러다 정신과에 갔고, 전환 장애 진단을 받고, 치료가 시작되었다. 그런데 의사 선생님 말씀이 나는 몸이 불편하지만 장애인은 아니란다.

"몸을 제대로 가누지 못하는데 장애가 아니라는 게 말이 되나요?"

"병명에 장애가 들어갈 뿐 장애와는 다릅니다."

병원에서는 언제든 좋아질 수 있기에 장애 등급을 받을

수 없다고 했다.

이해가 되지 않았다. 하지만 교수님은 증상이 언젠가는 사라지기 때문에 장애와는 다르다고 강조하셨다. 맞는 말이다. 제대로 걷지 못하다가도 어느 날 갑자기 똑바로 걸을 수 있으니까.

"저는 장애가 있는 건가요?"
"아니요."
"그럼 비장애인으로 봐야 하는 건가요."
"그렇지요. 장애인의 장애하고 엄연히 달라요."

교수님과 몇 번의 대화가 오고 갔지만 결과는 달라지는 게 없었다.

장애가 있는 것은 아니지만 장애 못지않게 몸이 불편해 일상이 어려운 사람. 장애와 비장애로 나눌 경우 나는 비장애에 해당된다. 하지만 보통 사람이라고 하기에는 애매하다. 증상이 나타나면 보통 사람에 속하지 않는다. 다리가 꺾이고 돌아가는데 아픈 사람이라고 할 수밖에 없지 않나?

'사람들은 나를 어떻게 볼까?'

타인의 시선과 이러지도 저러지도 못하는 상황이 나를 불안하게 만든다. 세상 속 애매한 사람들은 어떻게 살아가는 걸까? 애매한 게 싫어서 차라리 이 꼴 저 꼴 안 보고 방구석에 자신을 가둬 두고 있는 건 아닐까? 그런데 그건 일시적인 안도감은 주는 것일 뿐 애매함을 빌미로 자신을 방치하는 게 아닌가 싶다.

왜 내 삶을 경계 안에 묶어 두어야 하는 걸까. 무엇을 위해서. 나를 지키려면 나 스스로 애매하다 생각하지 말고, 이러한 삶도 있다고, 경계 넘어 우뚝 서 볼 일이다. 몸이 불편해도 춤출 수 있고, 일할 수 있다고, 맘껏 웃을 수 있다고. 그렇게 살아 볼 일이다. 무엇이 내 삶을 위한 것인지 더 이상 타인의 정의에 의존하지 않기로 했다. 경계는 나를 가두는 선이 아니라, 내가 넘나들며 확장해 나가 분홍색 원피스를 꿈꾸는 시작점이니까.

♦♦♦
아픈 사람이 일하러 왔어?

　나는 대학에서 유아 교육을 전공했다. 전액 장학금을 받으며 학교생활을 충실히 이어갔고, 유치원 교사의 꿈을 차곡차곡 밟아 갔다. 그러다 장애 진단을 받고, 한순간 비련의 여주인공이 되어 버린 듯했다. 잠을 자도, 맛있는 걸 먹어도 슬프고 애달팠다. 그런 와중에 졸업을 앞두고 유치원 실습을 나갔다. 천방지축을 뛰노는 아이들 여러 명을 가르치는 건 내가 감당할 수 없는 일이었다. 그냥 노는 아이들일 뿐인데, 동료와 함께 일할 뿐인데, 지옥의 거대한 돌덩이가 나를 누르는 것처럼 몸을 옥죄고 숨통이 조여 왔다. 결국 한 달을 마치지 못하고 병원에 입원하게 되었다.

　가까스로 대학을 졸업하고, 졸업과 취업 사이에 예상치

못한 공백이 생겨버렸다. 취업 준비생이라 하기엔 손 놓고 지내는 날이 많았다. 내가 살았던 논산은 이름처럼 논과 산이 끝없이 펼쳐진 곳이다. 창밖으로 산자락만 보고 있자니 앞날이 막막했다. 어디에든 발을 담그고, 일하고, 돈 벌고 싶은 마음이 솟구쳤다. 아침에 눈을 뜨고 저녁에 잠들 때까지 취업 사이트 곳곳을 뒤지듯이 돌아다녔다.

'서울에는 일자리가 넘쳐나네.'

주말이면 둘째가 사는 서울 자취 집에 올라갔고, 취업 시장에 문을 두드렸다. 가게에서 가벼운 물건을 진열하거나 손님을 상대하는 일 정도는 내가 할 수 있지 않을까?

'박세아 님, 아기 전문 스튜디오입니다. 같이 일하고 싶습니다.'

그러던 중 알바천국에 올린 이력서를 보고 연락이 왔다.

남이 보기엔 대수롭지 않겠지만, 아르바이트 자리를 얻었다는 건 내게는 하늘의 별을 딴 것처럼 감격스러웠다. 일주일에 이틀을 근무하는 일은 나를 세상 속으로 끌어올리는 동아줄과 같았고, 나는 그 끈을 있는 힘껏 붙잡았다.

'일이 어느 정도 익숙해지면 서울에서 자취할 수 있을 거야.'

이제 나도 사회 속에 발을 디디는 어엿한 사회인이다. 남들처럼 출근과 퇴근 속에서 하루가 돌아가고, 월급을 받고, 사회 경험도 쌓고. 드디어 인생이 착착 풀리는 듯했다. 첫 월급을 받으면 가족에게 선물을 해야겠다는 다짐이 아르바이트의 시작을 알렸다.

첫 출근을 아직도 잊지 못한다. 청바지에 줄무늬 티를 입고, 도착한 스튜디오. 새로운 시작에 두근거림과 긴장이 반복되었다. 약속한 시간보다 30분 일찍 도착해 사장님과 사모님께 인사했다.
"안녕하세요."
순간 두 분의 표정이 좋지 않다. 아르바이트생은 일찍 올 필요가 없다는 것이다. 이러면 곤란하다면서 다음부턴 그러지 말라고 강조했다.
'일찍 도착해서 준비를 하려고 했던 것뿐인데.'
첫 시작부터 삐거덕거렸다.

내가 해야 하는 일은 손님이 오시면 반갑게 인사하고, 안내를 하고, 사진을 찍을 때 콘셉트에 맞춰 물건을 가져와 아기에게 착용하고, 물건을 제자리에 갖다 놓기다. 하지만 왼손이 굼뜨다 보니 아기 옷을 갈아입힐 때 빠르게 할 수 없었다. 모자의 리본을 묶을 때 예쁜 모양이 나오지 않아 사모님이 다시 리본을 묶어야 했다. 물건의 위치를 몰라 찾지 못해 방황했고, 어떤 콘셉트가 아기에게 어울리는지 몰라 액세서리 하나 고르는 것조차 쉽지 않았다. 결국 첫날은 눈치만 보다 끝났다.

"어떻게 해야 하는지 다 익혔지요? 내일부터는 잘할 거라 믿어요."

사모님의 입은 웃고 있었지만 눈초리는 매서웠다.

"아르바이트생이 온 지 얼마 되지 않아 양해 부탁드립니다."

아기에게 다가가려고 하면 사모님은 나를 막았다. 그리고 사람이 없을 때 나를 불러 한마디 했다.

"손이 느리면 어떻게 해. 여기는 시간과의 싸움이에요. 빨리 눈으로 배워요."

사물함 안에 물건이 가득한데 어떤 물건을 말하는 건지 몰라 한참을 헤맸다.

"여기에 있는 거 안 보여요? 이걸 왜 못 찾는 거지?"

기억해 뒀다 제자리에 놓으면 사장님이 한마디 하셨다.

"이걸 여기에다 놓으면 어떡해?"

"네?"

"이 물건의 자리는 여기야."

그러면서 분명 내가 기억한 곳과 다른 곳에 물건을 놓았다. 결국 둘째 날도 눈치만 보다 끝났다. 그리고 평일이 되었다. 5일 동안 휴식을 취하면서 마음 한구석이 불편했다. 일에 대해 알게 된 순간 쉬다 보니 주말이 되면 처음으로 다시 돌아가 버리고 말게 뻔하다. 불행하게도 내 예상은 맞았다. 다음 주말 나는 머리가 백지가 된 채 스튜디오에 갔다. 이것만으로도 상황이 좋지 않은데 더 큰 산이 마중 나와 있었다. 오기로 한 정규직 직원이 잠수를 타 버리고 만 것이다.

"세상에, 온다고 해 놓고 연락이 안 되는 게 말이 돼?"

그날 사장님과 사모님은 나에게 말 한마디 안 했다. 나는 꿔다 놓은 보릿자루처럼 뒤에서 가만히 있다 저번 주에 한 일을 떠올리며 한 박자 느리게 움직였다.

처음이다 보니 부족한 점이 많았다. 행동 하나에 한마디를 들어야 했다. 속상했지만 '처음엔 다 그런 거다.' 스스로 다독이며 정신 차리라고 속으로 외쳤다. 누구나 처음은 어려운 법이니까. 내가 부족한 사람이라는 걸 인정하고 얼른 배울 생각만 하자. 기회가 와서 얼마나 기뻤어? 그때의 감정을 절대로 잊어선 안 돼. 하지만 눈물이 나오려고 해 고개를 들었다. 뭘 잘했다고 우는 거야?

"조금만 더 기다리면 됩니다."
"죄송합니다. 앞에 분이 늦게 오셔서 지연이 되고 있습니다."

나는 같은 말을 반복하는 앵무새가 되었다. 살면서 죄송하다는 말, 기다려 달라는 말을 하루에 수없이 할 수 있다는 걸 처음 깨달았다.

오전 10시, 손님이 오면 마중하고, 아이가 신성되기를 기다렸다가 스튜디오실로 안내한다. 그러면 옆에서 사모님의 손짓에 맞춰 움직인다. 그러다 종소리가 들리면 손님을 맞이하러 간다. "잠시만 기다려 주세요."라고 말한 뒤 사용한 물건을 정리한다. 그사이 손님이 질문을 한다. 약속 시간이 지났는데 언제까지 기다려야 하냐고 말이다. 그럼 나는 스튜디오실을 살펴본 뒤 죄송하다는 말과 함께 잠시 기다려 달라고 한다. 이런 일을 열 번 넘게 반복하면 영업이 종료된다. 저녁 6시. 청소를 하고, 쓰레기를 처리한 뒤 가게를 나온다. 그러고 보니 화장실 한 번 못 가고, 점심도 먹지 못했네.

둘째와 저녁을 챙겨 먹으려고 일어서는 순간 눈앞이 어질어질했다. 그리고 눈을 떴을 때 응급차가 왔다며 나를 깨우는 둘째의 목소리가 들렸다. 분명 둘째는 내 옆에 있는데 메아리가 울리는 것처럼 들렸다. 여기가 꿈인지 현실인지 구별이 되지 않았다. 구급대원과 둘째의 부축을 받아 서울대학교병원 응급실에 갔다. 그리고 내 기억은 거기서 끊겼다. 다시 눈을 떴을 때는 둘째의 자취방이었다.

"어떻게 된 거야?"

"기억 안 나? 어제저녁에 응급실에 갔다가 오늘 아침에 돌아왔잖아."

"기억이 나지 않아. 잠깐 그럼 오늘 무슨 요일이야?"

"월요일."

순간 등줄기에 소름이 돋았다. 아르바이트를 펑크 냈다고? 손이 덜덜덜 떨렸다. 이 사태를 어떻게 해결해야 하나

머릿속이 정리되지 않았다. '진정하자'를 백 번쯤 외친 뒤 스튜디오에 전화를 했다. 신호음이 다 가기도 전에 바로 전화를 받은 사모님께 다짜고짜 죄송하다는 말을 했다. 그러자 사모님은 기다렸다는 듯이 나에게 화를 냈다.

"어제 얼마나 정신없었는지 알아요? 세상에 온다는 직원은 안 오지, 아르바이트생도 연락 없이 안 나오지. 사람 그렇게 안 봤는데 어쩜 그래요? 도대체 왜 잠수 탄 거예요?"

"죄송합니다. 제가 어제 응급실에 가느라 연락할 정신이 없었습니다."

"갑자기 응급실? 세상에 아픈 사람인 줄 알았다면 절대로 뽑지 않았을 거야. 어떻게 아기들이 오고 가는 신성한 사진관에 올 생각을 했는지 이해를 할 수 없네."

사실 면접을 볼 때 아프다는 사실을 말해야 하나 고민을 했다. 전환 장애라는 생소한 병명부터 증상까지 일일이 설명해 이해시키기란 불가능했다. 고용주 입장에서는 그런 상황을 감내하면서까지 나를 채용할 이유가 없다고 여겨 언급하시 않았다. 게다가 주말 근무라 평일에 쉬면 별일 없으리라는 생각에 말을 아꼈다. 하지만 나의 짧은 생각은 커다란 부메랑으로 돌아왔다. 그리고 통화한 그날 나는 일자리를 잃었다.

후유증에 벗어나지 못하고 있을 때 갑자기 스튜디오에서 도움이 필요하다며 연락이 왔다. 몸이 아파 결근한 것이 마음에 빚더미처럼 남아 있던 지라 부리나케 가서 일했다. 최소한의 도리는 해냈다는 생각에 무겁던 마음이 조금 가벼워졌다. 그런데 한 달이 채 지나지 않아 다시 연락이 왔다. 다시 일해 볼 생각이 없냐면서 말이다.
'이게 무슨 상황이지?'
어리둥절했다. 내가 업무를 무탈하게 해내리라 생각하는 건가? 하지만 제안이 감사하게 다가오지 않았다.
'내가 과연 잘할 수 있을까?'
나에 대한 확신이 부족했다. 아니 그보다도 사모님이 내게 했던 말이 귓전에 울렸다.

'아픈 사람이 일하러 왔어!'

그 말은 나를 뒤로 밀쳐 버릴 만큼 거세게 작용했다. 무심코 내뱉은 한마디에는 사모님이 나를 어떻게 대하는지 고스란히 담겨 있었다. 나는 마음이 와장창 깨져 버리고 말았다. 세상 속으로 겨우 내디딘 발을 다시 거둬들여야 했다. 그곳에서 일하지 않는 게 다치지 않고, 나를 지키는 방식이라 믿었다. 스튜디오 측에서는 설득했지만 나는 대학원에 진학해 어렵다는 거짓말을 하고 빠져나왔다.

❖❖❖
피규어 판매점 아르바이트

　스튜디오 일이 끝났다고 아르바이트 생활을 접은 건 아니었다. 몇 개월 뒤 서울에 올라갔다. 짐 정리를 끝내자마자 한 일은 인터넷에서 아르바이트 모집 공고를 살피는 것이었다. 내가 사는 지역을 중심으로 알아봤는데 생각보다 일자리가 넘쳐났다.

　'세상에, 사람을 구하는 곳이 이렇게나 많아?'

　입이 다물어지지 않았다. 선택권이 많아지자 기준을 세웠다. 내가 사는 곳과 최대한 가까워 출퇴근이 수월한 곳. 정신과 육체가 혹사당하지 않는 곳(아무리 바빠도 화장실에서 볼일은 봐야 하지 않을까). 하루에 4시간 이상 일하지 않는 곳.

　스튜디오에서 크게 혼난 걸 교훈 삼아 부실한 내 몸 상태에 맞는 일을 찾기로 했다. 그러다 찾은 곳이 피규어 판매점 아르바이트다. 그곳은 지금은 사라진 동대문디자인플라자에 위치한 매장으로 같은 층에 여러 가지 가게가 즐비했다. 집에서 지하철로 30분이 걸리지 않아 편했고, 경력도 필요 없었다. 오전 10시부터 오후 2시까지 매장을 관리하기만 하면 됐다. 사람이 제일 없는 시간이라 바쁠 것도 없었다.

면접을 보는 동안 머릿속에서는 끊임없이 싸움이 일어났다.
'아프다고 말을 해야 해. 일반적이지 않은 질병이잖아.'
'말할 필요 없다니까. 계속 사람을 대하는 일이 아니고, 매장 관리하는 것 외에 요구하는 것도 없으니까 괜찮을 거야.'
내적 충돌이 일긴 했지만, 미리 말해서 다 된 밥에 코를 빠뜨리고 싶진 않았다. 한산한 매장을 지키는 일이라 몸에 크게 무리가 갈 것도 없었다.

일을 한다는 게 이토록 좋은 것인 줄 그때 처음 알았다. 콧노래를 흥얼거릴 정도로. 하루에 4시간 일하는 건 힘에 부치지 않았다. 상품 진열 상태 확인과 매장 청결을 유지하는 정도만 신경 쓰면 되었다. 손님이 없을 때 억지로 서 있거나 없던 일을 만들어서 할 필요도 없었다. 게다가 짱구, 미니스커트를 입은 팔등신 미녀, 불길을 내뿜는 근육질의 무사 등 온갖 애니메이션에 등장하는 피규어들이 '날 좀 봐 줘.' 하고 속엣말을 하는 듯해 구경하는 재미에 시간이 금세 지나갔다. 오전에 손님이 오는 경우는 드물었다. 계산대 옆에 오도카니 앉아 '이 매장에 사람이 있다.'라는 걸 알리는 게 내가 맡은 업무였다.

평온한 며칠이 흐르고, 출근 준비를 하는 아침이었다.
'어 이상하다.'
자고 일어났는데 오른쪽 다리에 감각이 없다. 잠에서 덜 깨서 그런가 하며 눈을 비비며 일어나려고 하는데 몸이 한쪽으로 기울더니 넘어질 뻔했다.
'왜 이런 거지?'
갑작스레 불편해진 다리에 겁이 났다.
'이번에도 또? 안 돼!'
아르바이트를 계속 이어갈 수 없을지도 모른다는 생각이 들자 몸도 마음도 안절부절못했다. 평소보다 1시간 일찍 집을 나섰다. 신발을 질질 끌며 도로를 걷자 다가오는 사람들의 시선이 느껴졌지만 대수롭지 않았다. 일하러 가야 한다는 일념으로 손잡이를 꼭 붙잡고 헉헉대며 계단을 올랐다. 타닥타닥 출근하는 발걸음이 나를 스쳐 지나갔다. 더운 날씨가 아닌데도 얼굴이 달아오르고 셔츠가 흠뻑 젖었다. 간신히 매장에 도착하자 나는 결승점에 도달한 마라토너가 된 심정이었다. 다행히 그날은 손님이 한 명도 찾아오지 않아서 끝날 때까지 앉아 있기만 하면 되었다. 하루가 무사히 지나갔다.

몇 시간 서둘러 정시에 출근하던 일상은 점점 흔들리기 시작했다. 다리가 움직이지 않고 뒤틀리는 증상이 심해지면서 입원을 피할 수 없었다. 아, 더는 일할 수 없다니. 오래 다니고 싶은 직장을 떠나야 한다는 걸 받아들이기 힘들었다. 나는 마치 피해자가 된 심정으로 누굴 붙잡고 실컷 욕이라도 해야 미치지 않을 것 같았다. 신을 탓해야 하나. 아니면 나를 아프게 만든 사람을 욕해야 하나. 모든 게 원망스러웠다. 거리엔 두 다리로 성큼성큼 활보하고, 출근하는 사람들이 넘쳐나는데.

건강 문제로 그만둘 수밖에 없다는 걸 알게 된 옆 매장의 실장님은 안타까워하셨다.

"이보다 더 좋은 아르바이트 구하기 어렵다는 거 알지? 어휴, 좋은 기회를 놓치네."

그만두는 것에 대해 실장님은 별말씀이 없으셨다. 아르바이트생을 구하기까지 시간이 걸리니까 중간에 한 번 근무하라는 게 전부였다.

살면서 나와 잘 맞고 편한 일을 찾기 어렵다. 서러움이 복받쳐 한동안 울기만 했다. 그럼 나는 무슨 일을 할 수 있지? 이렇게 편한 일조차 이겨 내지 못하면 이 세상에 할 수 있는 일이 존재하긴 하는 걸까? 내 안에서 원망이 일었다. 그런데 그 원망이 누구를 향한 것인지 알 수 없었다. 나 자신인지, 내 의지와 분리된 몸인지, 아니면 잔인한 운명인지.

며칠 펑펑 울고 난 뒤 이상하게도 기운이 났다. 다시 시작할 몫도, 기운도 결국 나에게 달려 있었다. 일하기가 어려운 것이지 아예 불가능한 일은 아니니까, 뒤틀리더라도 뒤뚱거리더라도 한 걸음 나아가기로 했다.

그래도 문을 두드리는 이유

 몇 년 뒤, '공부를 하다 보면 일을 할 수 있는 기회가 생기지 않을까?' 하는 기대감에 유아 교육 대학원에 진학했다. 논문 준비를 위해 누리보조교사로 일할 수 있는 어린이집을 찾았다. 이번에는 아이들과 소통해야 하므로 사전에 병에 대해 말했다.

 "전환 장애 진단을 받아 정신과에서 진료를 받고 있어요. 흔히 생각하는 정신적인 문제와 상관이 없어요. 걱정하는 일이 일어나지 않을 거예요."

 오해하지 않았으면 좋겠다. 아이들이 놀랄지도 모르는 행동이 없을 거라는 의미다.

 원장 선생님은 신기하다는 듯 나를 빤히 쳐다봤다. 들어본 적 없는 병에 대한 호기심과 이해하지 못하는 모습이 얼굴에 다 드러났다. 다리 마비와 떨림이 주 증상인데 정신과에서 치료를 받는 사람이라니. 그 표정을 잊을 수가 없다.

"증상이 악화되지 않도록 몸 관리 잘할게요."

자신 있게 말했지만, 손에서 식은땀이 났다. 통과하지 못할까 봐 면접 시간 내내 긴장을 했다. 그런데 이야기가 끝나자마자 원장 선생님은 흔쾌히 허락하시는 게 아닌가. 출근해도 된다고 말하며 내일부터 가능한지 물어보셨다. 걱정했던 것과 달리 기회를 얻게 되어 기뻤고, 안도의 한숨을 내쉬었다. 쉽게 합격된 것에 대한 부푼 마음을 진정시키느라 애를 먹었다.

하루에 출·퇴근 시간까지 합쳐 4시간 일하는 게 전부였다. 담임 선생님의 주도하에 말 그대로 보조, 뒤에서 아이들을 살펴보며 도움이 필요한 아이에게 다가가기만 하면 되었다. 그런데 이조차도 나에게 무리일 줄이야.

간신히 한 달을 버텼고, 그 후 다리 마비가 시작되었다. 아침에 일어나 화장실로 향하는데 오른쪽 다리오금이 뻣뻣해지는 게 느껴졌다. 일시적인 증상이라고 생각했는데 점점 심해지더니 나중에는 서 있는 게 불가능해졌다. 엎친 데 덮친 격으로 왼쪽 눈을 제대로 뜰 수 없어 앞이 보이지 않았다.

'조금 있으면 어린이집 차를 타야 하는데, 아이들을 만나러 가야 하는데. 어떻게 해야지?'

버둥거리며 간신히 옷을 입었다. 어제 같이 놀기로 한 아이와의 약속이 떠올라 마음이 조급했다. 운동화를 신고 밖으로 나가려다 그만 넘어지고 말았다. 일어서려고 하는데 도저히 일어날 수가 없다. 이제 양쪽 다리 모두 움직일 수 없어 난처했다.

보폭 자세로 기어 집 안으로 들어간 후 급하게 원장 선생님의 번호를 찾았다. 원장 선생님을 뵙고 말을 해야 하지만 나아질 기미가 보이지 않아 할 수 없이 예의 없게 전화로 상황을 설명해야 했다.

"안녕하세요. 원장 선생님. 박세아입니다. 오늘 버스를 타지 못한 이유를 말씀드리려고요. 죄송합니다. 갑자기 몸 상태가 나빠져서 어린이집에 갈 수 없게 되었습니다. 한 번 마비가 시작되면 언제 나아질지 모르기 때문에 내일부터 다시 나갈 수 없을 것 같습니다. 죄송합니다."

눈물이 나오는 것을 간신히 참으며 말을 이어갔다.

"마비가 언제 나아질지 모르기 때문에 제 역할을 다하지 못하게 되었습니다. 책임감 있게 행동하지 못해 죄송합니다."

죄송하다는 말을 반복하는 게 내가 할 수 있는 최선이었다. 원장 선생님이 불쾌하실 게 분명했기에 조마조마하며 대답을 기다렸다. 당연히 잘리거나 화를 내실 줄 알았는데 의외의 답이 돌아왔다.

"음…. 그래요? 알겠어요. 그런데 궁금해서 그런데 어린이집에 한 번 와줄 수 없어요? 증상이 어떻게 나타났는지 보고 싶네."

"네?"

"다른 뜻이 있는 게 아니고 말 그대로 직접 보고 싶어서 말이야."

예상치 못한 말을 듣게 되자 당황스러웠다. 하지만 움직일 수 없기에 나아지면 직접 찾아가 인사드리겠다고 말한 뒤 급하게 전화를 끊었다.

마비 증상은 예상보다 길게 이어졌다. 며칠간은 걷기가 불가능했고, 그 후로도 불안정한 걸음걸이와 간헐적인 떨림이 계속되었다. 약물 치료와 휴식을 병행하며 천천히 회복되어 갔지만, 마음속에는 미안함과 부담감이 자리 잡았다.

한 달 정도가 지난 뒤, 몸 상태가 어느 정도 회복되어 사죄를 하기 위해 어린이집을 찾아가기로 했다.

"원장 선생님 직접 찾아가 인사드리는 게 예의라고 생각합니다. 찾아뵙고 싶은데 언제 가면 될까요?"

"어머, 직접 올 수 있어?"

"네, 이제 걸을 수 있게 되었습니다."

"그래? 그럼 내일 오전 11시 정도에 왔으면 좋겠네."

"네 알겠습니다. 감사합니다."

버스를 타고 어린이집을 향하는데 마음이 무거웠다. 솔직히 모르는 척하고 넘어가고 싶었다. 전화로 이야기를 전했으니까 끝난 문제가 아닌가 하는 마음도 있었다.

'안 돼, 마무리 지어야지.'

어린이집에 들어가니 선생님들의 모습이 보였다. 아이들을 챙기느라 정신이 없는 와중에도 나에게 눈인사를 해주셨다. 나는 고개를 숙인 채 원장실로 들어갔다.

"죄송합니다. 믿어 주셨는데 책임을 다하지 못했습니다."

"뭐, 아쉽지만 어쩔 수 없지. 건강 잘 챙겨요."

원장 선생님은 특별한 말씀이 없었다. 원장실에서 나오니 선생님들이 나를 기다리고 있었다. 한쪽으로 뒤틀려 질질 끄는 다리에 시선이 가는 게 느껴졌지만, 신경 쓸 정신이 없었다.

"선생님, 몸 상태도 회복되지 않았는데 여기 와도 괜찮아?"

"일부러 올 필요 없었는데 고생만 하다 가네."

몸 회복에 집중하라며 따뜻한 말을 해주시는 선생님들. 등을 토닥여 주는데 눈물이 날 뻔했다. 어렵게 얻은 기회고, 비록 보조지만 선생님이라는 꿈을 눈앞에 두었는데 얼마 못 가 그만두다니. 내가 엄살쟁이가 아닌지 의심이 들었다. 어떻게 하는 일마다 버티지 못하는 것인지. 그 후 어린이집 차를 보게 될까 봐 밖에 나가기 꺼려졌다. 책임을 다하지 못해 선생님을 곤란하게 만들었다는 생각에 고개를 들 수 없었기 때문이다.

스튜디오에서 아르바이트를 하던 시절 들었던 한 마디, 아픈 사람이 일하러 왔냐는 말은 평생 지울 수 없는 상처가 되었다. 지금도 그때의 기억으로 인해 내가 할 수 있는 일이 없다는 생각에 사로잡힐 때가 있다. 또 원장 선생님의 궁금

증도 나에게 생채기를 남겼다. 걸을 수 없다고 전했는데 와 줄 수 있냐는 말. 내가 거짓말쟁이가 되어 버린 기분을 지울 수가 없었다. 고용주 입장에서는 사실 확인은 필요한 부분이지만, 마비를 겪는 고용인에게 심신 안정이 우선이어야 하지 않을까. 건강이 어느 정도 회복된 뒤에 와 보라는 말을 할 수는 없었을까. 서운함이 컸지만, 어쨌거나 책임을 다하지 못해 발생한 일이라 마음이 짐 진 것처럼 무거웠다. 하지만 어린이집에서의 경험은 나에게 좋은 추억으로 남아 있다. 선생님들의 따뜻한 위로 덕분에 나는 다시 한번 기운을 차리게 되었고, 사회로 나가는 두려움이 줄어들었다.

내 몸 상태를 정확하게 알고, 그에 맞는 일은 구해야 했다. 스튜디오와 매장, 어린이집에서 일하려고 했던 건 결국 욕심이었을지도 모른다. 그런데도 나는 왜 계속 문을 두드렸던 걸까? 결국 내가 쓸모없는 사람이 아니라는 걸 증명하고 싶다는 마음이었다. 남들에게 보여주기 위해서가 아니라, 스스로 증명하고 싶었던 거다. 나도 무언가를 할 수 있고, 누군가에게 도움이 될 수 있다는 것을 말이다.

문득 이런 생각이 들었다. 내가 어렸을 때 신체가 불편한 친구나 교사와 함께 어울려 놀고 배웠다면, 그것이 흔한 일상이었다면, 일하러 가는 내 마음이 이토록 힘들지는 않았을 것이다. 장애나 불편함이 특별하지 않은 세상이라면 나도 더 자연스럽게 세상에 섞여들 수 있을 텐데. 그래서 나는 오늘도 문을 두드린다. 내 손길이 닿을 수 있는 곳이면 어디든. 열리지 않는 문이 많겠지만, 언젠가는 내가 있어야 할 자리를 찾을 수 있을 거라 믿으며.

병동 너머의 삶,
내딛는 희망의 걸음

"누구나 살다 보면 자신만의 폐쇄 병동을 만나게 될지도 모른다. 감당할 수 없는 현실에 갇혀서 벗어날 수 없는 순간. 어떤 이에게는 그것이 실패일 수도, 이별일 수도, 또는 길을 잃은 순간일 수도 있다. 그럴 때 콜라 한 모금처럼 사소한 위로로 나를 달랠 뿐이다. 지금은 잠시 쉬어가는 중이고, 이런 시간이 필요하다고. 그녀와 나는 말없이 탄산을 마시며 창밖 풍경을 바라봤다. 창밖으로 보이는 하늘은 여전히 높았지만 그날만큼은 하늘이 조금 더 가깝게 느껴졌다. 콜라 한 모금이 지친 마음을 적셔 주었다."

정신과 의사를 만난다고요?

내가 처음 병원에 입원한 것은 스물두 살이었다. 어느 저녁, 가족이 모여 식사를 하는데, 어딘가 모르게 긴장이 흘렀다.

"고모가 한국에 이미 돌아왔어. 내일 첫차 타고 내려올 거야."

아빠의 말이 끝나기도 전에 나는 쓰러졌고, 기억의 일부가 사라졌다. 정신을 차리고 난 뒤 전신이 떨렸다. 신성과 의원에서는 아무 말이 없었고, 영문도 모른 채 링거만 맞았다. 그러던 어느 날 알아들을 수 없는 말을 중얼거리는 내 모습을 본 가족은 충격에 빠졌다. 이대로는 안 되겠다는 생각에 삼성서울병원을 찾아갔고, 정밀 검사가 필요하다는 결론이 내려졌다.

"박세아 님이시죠? 병동에 자리가 났어요. 얼른 준비하고 올라오세요."

전화를 받자마자 엄마에게 연락한 뒤 미리 준비해 놓은 물건을 가방에 넣었다. 옷과 속옷, 기초 제품과 양치 도구.

퇴근 후 만난 엄마와 예약한 버스를 타고 서울에 올라갔다.

'입원을 한다는 게 뭘까?'

'입원 생활은 어떨까?'

싱숭생숭한 마음을 뒤로한 채 병원으로 향했다.

"저… 입원하라는 연락을 받고 왔는데요."

"잠시만요. 아, 박세아 님이세요? 이쪽으로 오세요."

환자복과 A4용지를 가져온 간호사는 2인실 병동으로 안내했다. 옷을 갈아입고 나면 설명해 준다기에 후다닥 갈아입고 침대 위에 앉았다.

"먼저 개인정보를 확인할게요. 박세아 본인 맞으시죠?"

나를 비롯해 가족 관계를 물어봤고, A4용지에 적힌 주의 사항을 다시 설명해 주셨다.

"현재 밤 9시가 넘었지만 검사는 자리가 나면 시간에 상관없이 진행될 예정이에요. 새벽에 할 수도 있어요. 자세한 건 주치의와 이야기 나누실 거예요."

이 야밤에 검사한다고? 자세한 내용을 알게 된다고? 뭔가 긴박하고 중대한 검사가 이루어지나 싶어 어리둥절했다.

난생처음 해 보는 입원은 복잡했다. 신경과에서 원인과 병명을 찾는 게 목적이었기에 3박 4일 동안 여러 가지 검사를 했다. 정신없던 와중에 주치의가 눈에 들어왔다. 동글한 얼굴에 눈이 반짝반짝 빛나는 모습이 선하게 다가왔다.

"고모가 갑자기 한국에 돌아온다는 말을 듣고… 죄송해요."

눈물이 앞을 가려 말을 이어가지 못했고, 놀랐는지 딸꾹질이 나왔다. 옆에서 지켜보던 주치의는 티슈를 꺼내 주셨다.

"힘들었겠어요. 하지만 힘들더라도 이야기해 주셔야 해요."

내가 울음을 멈추고 안정을 찾을 때까지 조용히 옆에서 기다려 주셨다.

"감사합니다."

"아니에요. 시간은 얼마든지 있으니까 우리 천천히 이야기 나눠요."

어떤 검사를 했는지 기억나지 않을 정도로 새벽이고 밤이고 병원을 오르락내리락하며 검사를 했다. 매일 아침 피 검사를 할 때면 부르르 떨며 팔딱거리는 팔 때문에 애를 먹었다. 고장 나 제멋대로 돌아가는 기계처럼 팔이 말을 듣지 않았다. 처음에는 바늘이 내 혈관을 찌른다고 생각하니 움찔거렸지만 여러 번 반복되자 투항이라도 하듯 팔을 침대 모서리에 걸쳐 두었다.

하루 종일 소변을 모으기도 했다. '오줌이 마려워야 모으지.' 싶었는데 이상하다. 변기에 앉아 기다리고 있으면 어느 순간 소변이 채워졌다.

시간이 흐를수록 입원에 익숙해져 가는 듯했다. 이동식 침대에 누워 바퀴가 이끄는 대로 어디론가 향하는 환자들, 그 위로 수액 팩이 덜렁덜렁 움직이는 모습, 동행하는 가족. 조금씩 내가 아프다는 사실을 받아들였다.

여러 과와 협진을 진행했는데 그때마다 새로운 주치의에게 했던 말을 반복해야 해서 지쳤다. 녹음이라도 해 놓았다가 때맞춰 재생이라도 하고픈 심정이었다.

"고모가 갑자기 온다는 이야기를 듣고 쓰러졌어요. 그리고 떨림이 시작되었고, 하루 종일 왼팔을 떨어요."

떠올리고 싶지 않은 이야기를 계속하다 보니 나중에는 말하기 싫어졌다. 눈앞이 까맣던 순간, 피하고픈 상황을 복기해 말하는 건 곤혹이었다. 그래야 회복이 가능한 걸까? 고통을 묻어 두어서는 안 되고 응시해야만 하는 건가. 무엇이 내 마음을 부수고 쳐들어와 나를 쓰러뜨렸는지 살펴봐야 하는 건가. 그래야 고통의 긴 터널을 통과할 수 있는 건가. 하지만 나는 결정적 단서라도 있는 것처럼 취조하는 듯한 물음이 거북스러웠다. 그때의 상처로부터 온전히 벗어나지 못했기 때문이다.

짧은 입원 생활이 마무리되어 갈 즈음, 교수님께서 정신과 의사를 만나 보자고 말씀하셨다.

'내가 왜? 신경에 문제 있는 거 아니야? 그래서 팔이 떨리는 게 아니야? 정신과 상관이 있을 리 없잖아.'

정신과 하면 우울증, 불면증, 공황장애, 불안 장애, 조현병을 떠올리지 않나? 이해하려 할수록 이해가 가지 않았다. 삶을 못 살 정도로 불안에 떨기를 했나. 시도 때도 없이 우울하다며 눈물을 펑펑 쏟기를 했나. 나는 누명이라도 쓴 사람처럼 억울함에 치받쳐 따지고 싶었다. 밥도 잘 먹고, 잘 자고, 예능 프로그램을 보면서 웃고. 나 괜찮은 거 아니야? 그런데 정신과에 가야 한다고?

나는 정신과 의사와의 만남을 거부하고 싶었다. 정신보다 육체가 아픈 게 더 낫다고 그게 더 안심이 된다고 말이다. 머릿속으로 정신과를 떠올리자 거리낌이 들었다. 영화 속에서 사람을 하얀 방에 가두는 모습은 마치 죄인이 된 듯한 느낌을 받았다. 나와 상관없는 일에 말려들었다는 현실에 인상이 찌푸려졌다.

✦✦✦
떨림과 불안 속 치유

　처음 정신과 진료실 문을 열던 날, 발이 떨어지지 않았다. 이런 곳에 올 거라고는 단 한 번도 상상해 본 적이 없었기 때문에 거부감이 심했다. 말도 안 된다고 계속 되뇌며 걸음을 옮겼다. 마치 수능을 치러 가는 고등학생처럼 불안한 마음을 안고.

　의사는 신경과와 동일한 질문, 내가 기절한 까닭을 물었고, "고모가 한국에 온다는 이야기를 듣고 쓰러졌다."는 말을 했다. 이미 숱하게 했던 말이라 익숙할 줄 알았는데 입을 여는 순간 눈물이 그렁그렁 맺혀 애를 먹었다.

　"다 큰 어른이 왜 고모를 무서워해요? 고모가 잡아먹는 것도 아닌데."

　의사의 말에 담긴 웃음기를 듣는 순간, 내 안의 무언가가

와르르 무너졌다. 그토록 용기를 내어 꺼낸 이야기였는데, 마치 응석받이 어린아이처럼 취급받는 기분이었다. 눈물이 차올랐지만, 더 이상 울면 정말 철없어 보일 것 같아 필사적으로 참았다.

병원에서 만난 의사들은 제각각이었다. 따뜻한 눈빛으로 기다려 주는 의사가 있었고, 티슈를 건네며 "천천히 말해도 됩니다."라고 해주는 의사도 있었다. 덕분에 가끔은 '아, 내가 이상한 사람은 아니구나.' 하고 안도를 했다. 그런데 처음 맞이한 정신과 의사는 달랐다. 진료를 받을수록 마치 내가 연약하다는 낙인을 찍는 것 같았고, 그 낙인을 지우기 위해서 "난 괜찮아요, 정말 괜찮아요."라고 말해야 할 것만 같았다.

지금도 정신과 치료를 받는다고 하면 사람들의 시선이 달라진다. 마치 '네가 뭐가 그렇게 힘들어?'라고 묻는 것 같은 시선. 하지만 이제는 안다. 내 고통이 누군가에게는 사소해 보일 수 있다는 것을. 그렇다고 해서 내가 느끼는 아픔이 거짓은 아니라는 것도.

가끔 정신과 의사를 처음 만났던 그날로 돌아가 그때의 나에게 말해 주고 싶다.

"네가 이상한 게 아니야. 도움을 청하는 건 잘못된 게 아니야. 네 아픔은 충분히 real해."라고. 아마 나는 떨리는 목소리로 이야기했겠지만, 조금은 덜 무서워했을지도 모른다.

정신과 치료를 받는다는 것은 여전히 우리 사회에서 큰 용기가 필요한 일이다. 그것은 단순히 의학적 치료를 받는 것을 넘어, 자신의 취약함을 인정하고 마주하는 여정이다. 신체의 질병은 객관적 검사로 확인할 수 있지만, 마음의 상처는 오직 그 사람의 이야기를 통해서만 이해할 수 있다.

치유의 과정은 생각보다 더 덜컥거리고 불안하다. 마치 어두운 터널을 지나는 것처럼. 하지만 이상하게도 이 여정에서 나는 조금씩 나를 이해하게 되었다. 내 감정이 이상한 게 아니라는 것, 도움을 요청하는 게 부끄러운 일이 아니라는 것을.

여전히 정신과 진료실 문을 열 때면 심장이 쿵쾅거린다. 하지만 이제는 안다. 이 떨림도, 이 불안도 다 내 여정의 한 부분이라는 것을. 그리고 어쩌면 이런 이야기를 나누는 것만으로도, 누군가에게는 작은 위로가 될 수 있다는 것을. 그래서 다른 사람들도 분홍색 원피스를 꿈꿀 수 있게 된다고 말이다.

나는 당신이 살았으면 좋겠습니다

 창밖으로 새벽빛이 스며들던 그날, 또다시 잠 못 이루는 밤을 보내고 있었다. 침대 옆 서랍장에는 한 달 치 약이 가지런히 정리된 약통이 놓여 있었다. 하얀 알약들이 차곡차곡 쌓여 있는 모습을 바라보며, 나는 또다시 같은 질문을 되뇌었다.

'이 약들은 정말 나를 도와주고 있는 걸까?'

 20대의 나는 책과 거리가 멀었다. 서점에 들어서면 수많은 책들이 나를 압도했고, 그 안에서 항상 길을 잃을 것만 같았다. 새로운 것을 배우고 싶다는 생각이 있었지만, 그것이 꼭 책을 통해서여야 할 필요는 없다고 스스로 설득했다.

하지만 지금 돌이켜보면, 그때의 나는 스스로와 마주하는 것이 두려웠던 것 같다. 책장을 넘기며 마주하게 될 나의 모습이, 내 안의 깊은 곳에 숨어 있는 감정들이 두려웠던 것인지도 모른다.

병원 대기실에 앉아 있을 때면, 하얀 벽과 소독약 냄새가 나를 불안하게 만들었다. '정신과'라는 단어는 늘 심장을 떨리게 한다. 간호사가 이름을 부를 때마다 다른 환자들의 시선이 느껴져 움츠러들었다. 그곳에 가는 것은 내가 '정상'이 아니라는 것을 인정하는 일처럼 느껴졌다. 하지만 30대가 되면서, 더 이상 도망칠 수 없다는 것을 깨달았다. 매일 아침 거울 속에 비친 핏기 없는 얼굴과 마주하며, 나는 점점 더 많은 질문을 던지기 시작했다.

'나처럼 힘들어하는 다른 사람들은 어떻게 살아가고 있을까?'

'그들도 나처럼 밤마다 천장을 바라보며 끝없는 생각의 소용돌이에 빠져드는 걸까?'

어느 흐린 가을날, 서점에서 『나는 당신이 살았으면 좋겠습니다』를 발견했다. 조울병[1]을 가진 정신과 의사의 이야기라는 점이 나의 시선을 사로잡았다. 의사이면서 동시에 환자라는 그녀의 이중적 경험은 묘하게도 나에게 위로가 되었다. 책에는 그녀가 대기업을 그만두고 의학전문대학원에 진학하는 용기 있는 선택, 그리고 정신과 레지던트 과정에서 과중한 업무로 인해 조울병이 발현되는 과정이 상세히 담겨 있었다.

특히 그녀의 글 중에서 **"약을 먹는다는 것은 패배가 아니라 새로운 시작이다. 마치 당뇨병 환자가 인슐린을 맞는 것처럼, 우리의 뇌도 때로는 도움이 필요하다."** 라는 구절은 나의 마음 깊은 곳에 박혔다. 또한 **"조울병은 나의 일부일 뿐, 나 자체는 아니다."** 라는 문장은 매일 밤 일기장에 적어 두며 되새기곤 했다.

저자는 약물 치료의 중요성을 설명하면서도, 그 과정에서 겪는 부작용과 두려움을 숨김없이 털어놓았다. 체중 증가, 손 떨림, 집중력 저하 같은 부작용들이 자신을 얼마나 괴롭

---

[1] '조울증'이라는 단어가 보편적으로 사용되지만 '–증'은 일시적인 뉘앙스가 강하기 때문에 공식 의학 용어를 따라 '조울병'이라는 명칭을 사용했다고 한다.

했는지. 하지만 그것을 어떻게 받아들이고 극복해 나갔는지를 진솔하게 써 내려갔다. 그녀의 경험담은 마치 나의 이야기를 읽는 것 같았다.

약을 끊었을 때의 경험은 아직도 생생하다. 여름날 아침, 평소처럼 약통을 열었다가 문득 '이제 그만.'이라는 생각이 들었다. 처음에는 괜찮은 것 같았다. 출근길 버스에서 창밖을 바라보며 '봐, 약 없이도 잘 살 수 있잖아.'라고 스스로 안심시켰다. 하지만 그것은 폭풍 전의 고요였다.

두 달이 지났을까, 회의실에서 갑자기 찾아온 발작은 모든 것을 바꾸어 놓았다. 형광등 불빛이 현기증 나게 깜빡이는 것 같았고, 동료의 목소리가 왜곡되어 들렸다. 응급실에 실려 갔을 때, 나는 처음으로 진정한 두려움을 느꼈다. 그것은 단순히 신체적 고통에 대한 두려움이 아니었다. 내가 얼마나 무모하게 나 자신을 위험에 빠뜨렸는지에 내한 깊은 후회와 두려움이었다.

이제 나는 안다. 치료는 결코 빠른 길이 아니라는 것을. 서사가 쓴 것처럼 **"회복은 직선이 아닌 나선형"**이라는 말의 의미를. 마치 오래된 나무가 천천히 자라나듯, 우리의 마음도 시간이 필요하다는 것을. 때로는 한 걸음 앞으로 가기 위해 잠시 멈춰 서야 할 때도 있다는 것을.

요즘은 아침마다 작은 의식을 치른다. 창가에 앉아 따뜻한 차를 마신 뒤 약을 먹는다. 더는 약통을 볼 때마다 불안해하지 않는다. 대신 나는 그것을 나의 회복을 위한 동반자로 받아들이기로 했다. 병원 대기실에서도 더는 고개를 숙이지 않는다. 때로는 다른 환자들과 눈이 마주칠 때 살짝 미소를 건네기도 한다.

10년이라는 시간이 걸렸다. 하지만 이제는 그 시간조차도 나의 일부로 받아들일 수 있게 되었다. 그 시간 동안 나는 단순히 멈춰 있던 것이 아니라 천천히 나아갈 준비를 하고 있었던 것이다. 저자가 말한 것처럼, **"치유의 시간표는 사람마다 다르다. 중요한 것은 포기하지 않는 것"**이라는 말이 이제야 가슴 깊이 와 닿는다.

매일 밤 잠들기 전, 나는 책장 맨 위에 꽂혀 있는 이 책을 바라본다. 때로는 무작위로 펼쳐서 한 구절을 읽기도 한다. 이 책은 단순한 독서 경험이 아니다. 그것은 나 자신과의 화해였고, 새로운 시작을 위한 용기였다. 모든 것이 완벽하지 않아도 괜찮다는 것, 그리고 무엇보다 나 자신을 있는 그대로 받아들여도 된다는 것을 배웠다.

    창밖으로 새벽빛이 스며드는 지금, 나는 더 이상 불면증에 시달리지 않는다. 대신 내일이면 또 한 걸음 나아갈 수 있다는 희망을 품고 잠이 든다. 이것이 내가 찾은 작은 행복이다.

◆◆◆
종이학이 날아든 아침

"입원하기 싫어요."

목소리가 떨렸다. 삼성서울병원 개방 병동 입구에 서서 나는 계속 중얼거렸다. 머릿속에는 영화에서 본 하얀 벽과 좁은 공간, 묶여 있는 사람들의 모습이 어지럽게 떠다녔다. 하지만 막상 들어서니 예상과 달랐다. 왼쪽 커다란 창문으로 따스한 햇살이 쏟아져 들어왔고, 창 너머로 보이는 나무가 살랑거렸다. 평화로운 풍경에 긴장이 조금씩 풀렸다.

"위험한 물건이 있는지 가방 검사를 하겠습니다."

간호사의 말에 잠시 당황했지만, 이내 고개를 끄덕였다. 날카로운 물건들이 수거되는 동안, 병동을 둘러보았다. 생각보다 작은 공간이었다. 특실 하나, 1인실 하나, 2인실 두 개, 3인실 세 개가 전부였다. 복도 끝에는 환우들이 모일 수 있는 휴게실이 있었다.

 입원할 때 받은 월간 프로그램이 적힌 A4용지를 확인하며 하루를 시작했다. 월~금요일까지 아침 먹기 전 안쪽 휴게실 앞에서 아바의 〈댄싱 퀸〉 노래가 삽입된 영상이 흘러나왔다.

 "댄싱 퀸~ 영 앤 스윗~"

 아바의 노래에 맞춰 아침 체조를 하는데 어색함보다는 웃음이 먼저 나왔다. 몸을 움직이니 묵직했던 마음이 조금 가벼워지는 듯했다.

 아침 식사 후 약을 복용한 뒤 9시에 휴게실에서 차 모임을 가졌다. 녹차, 둥굴레차, 커피 중에서 선택했고, 서로 인사를 나누며 안부를 물었다.

 "안녕하세요."

 서로 부끄러워하면서도 만나면 인사는 꼭 했다. 때때로 약속 시간보다 일찍 모이게 되면 먼저 말을 걸 때도 있다.

 "잠은 잘 잤어요?"

 "오늘은 컨디션 어떠세요?"

 "얼굴이 많이 좋아지셨네요."

간호사가 안부를 묻고, 짧은 글귀를 읽어 주거나 오늘 하루 동안 실천하면 좋은 일에 대해 설명한다.

"여러분 오늘 미션을 드릴 거예요. 자신에게 칭찬 한 가지 말하기. 잠들기 전까지 하셔야 합니다. 마무리는 짧은 시로 대신할게요."

15분에서 20분 정도의 시간을 간호사의 주도 아래 보냈다. 살짝 지루했지만 다른 환우들과 함께하는 시간이기에 꼬박꼬박 참여했다. 가끔 소리를 지르거나 화를 내는 돌발 행동이 나타날 때가 있는데 그럴 때면 거리를 두되 아무 일도 없었던 것처럼 모르는 척했다.

10시 30분이 되면 프로그램이 시작된다. 입원 기간 동안 시간이 맞으면 재미있는 프로그램을 그렇지 않으면 지루한 프로그램을 해야 했다. 지루한 프로그램은 서로에게 편지 쓰기, 문장을 완성해서 이야기하기, 자기소개하기 등 주로 글을 쓰고, 말로 표현하는 것이다. 여러 사람 앞에서 나를 표현하고, 다른 사람에 대해 알아보는 시간을 갖는 것은 부끄러움을 넘어서 부담스러웠다. 그래서 일부러 프로그램을 피했다. 사람의 마음은 다 똑같은 것인지 이런 프로그램은 참여율이 저조해 자주 무산되었다.

"자, 오늘은 꽃꽂이 시간입니다."
이 말에 휴게실이 술렁거렸다.
'어, 오늘은 손으로 만드는 거네.'
 꽃꽂이를 할 생각에 아침부터 가슴이 두근거렸다. 그동안 부담스러운 프로그램만 이어져 병실에만 머물렀는데, 오랜만에 기운이 나는 일이 생겼다. 다른 환우들도 기대를 했는지 프로그램 시작 전에 일찍 도착했다. 나도 자리에 앉아 프로그램을 기다렸다.
 간호사와 플로리스트가 여러 종류의 꽃을 가져오셨다. 여러 색의 장미부터 시작해 안개꽃, 이름은 모르지만 본 적 있는 꽃까지 한 아름 있었다.
"가위에 손을 다치지 않게 조심하세요. 도움이 필요하면 언제든지 말씀하시고요. 잘 안되시는 분은 제가 도와드릴게요."
 덜덜덜 손을 떨었지만 재미있어서 가위질이 힘들지 않았나. 손재주가 없었기에 마음에 드는 꽃을 골라 바구니 안 오아시스에 이곳저곳 꽂아 놓는 걸로 만족했다.

"잘 만드셨네요."

"아니에요. 저보다 더 잘 만드셨잖아요."

오랜만에 웃음꽃이 피어났다. 완성된 꽃꽂이는 병실 한쪽에 놓았다. 매일 아침 일어날 때마다 꽃을 보며 '오늘도 기운 내야지.' 하며 스스로 응원했다.

일주일에 한 번 병실 침대 커버를 새것으로 바꾸었다. 새 커버에는 색종이로 접은 작품을 올려놓는다. 토끼, 학, 거북이, 장미. 침대마다 다른 작품이 놓였고, 서로 보여주며 어떤 선물을 받았는지 확인한다. 종이접기를 보며 나도 모르게 배시시 웃음이 났다.

시간이 흐를수록 병동이 낯설지 않아졌다. 차 모임에서 만난 환우와 눈이 마주치면 반갑게 인사했다. 처음에는 서로를 피하고 경계했지만, 이제는 같은 아픔을 안고 있다는 이해가 깊어졌다. 때로는 말없이 고개를 끄덕이는 것만으로도 충분했다. 누군가 갑자기 소리를 지르거나 흥분할 때면, 우리는 적당한 거리를 두고 조용히 기다렸다. 그것 또한 우리만의 배려였다. 매일 아침 창가에 앉아 차를 마시며 바깥을 바라보았다. 계절이 바뀌어 나뭇잎이 푸르러졌다. 처음에는 사람들과 말도 섞기 싫어 피하기 바빴는데, 이제는 누군가 차 모임에 늦게 나오면 걱정을 했다. 종이학을 접어주신 간호사의 마음도 조금은 알 것 같았다.

  퇴원하는 날, 창밖의 나무를 오래도록 바라보았다. 처음 이곳에 왔을 때의 두려움이 무색하게, 이제는 이 창가의 햇살이 그리워질 것 같다. 어쩌면 우리는 모두 각자의 방식으로 치유되어 가고 있었는지도 모른다. 서로를 이해하고 배려하는 법을 배우며, 조금씩 나아지고 있다.

❖❖❖
닫힌 문 안의 온기

처음 폐쇄 병동의 회색빛 문이 닫혔을 때, 나의 마음도 함께 닫혔다. 차가운 철제 손잡이를 잡는 순간, 온몸이 얼어붙는 것 같았다.

'내가 왜 여기 있어야 하지?'

창밖으로 보이는 철창살 사이로 비치는 햇살마저 나를 가두는 것 같았다.

복도를 걸을 때마다 들리는 고무 슬리퍼 소리가 이곳의 현실을 더욱 실감나게 했다. 처음에는 눈을 마주치지 않기 위해 고개를 숙이고 바닥의 하얀 타일만 세며 걸었다. 그때 누군가 내 앞에 멈춰 섰다.

"안녕? 나랑 동갑이라면서?"

밝은 목소리에 고개를 들어 보니, 해맑은 미소를 짓고 있는 조현병 환우가 다가와 있었다. 그녀의 미소는 내 마음의 빗장을 살짝 흔들었다.

"여기…. 답답하지? 나도 처음엔 그랬어. 근데 우리끼리는 다 이해해. 아프다는 거, 힘들다는 거."

그녀의 말에는 이상하게도 위로가 담겨 있었다.

"여기서는 몇 달 동안 단절되어 있다 보니 답답해. 보기와 달리 서로 친하게 지내고 있는 중이야. 저기 지나가는 친구 보이지? 중학생인데 약 때문인지 아쉽게 며칠째 대화를 못하고 있어."

몽롱한 눈으로 하늘 위를 바라보며 기운이 빠진 채 걸어가는 모습이 눈에 들어왔다.

시간이 흐르면서 나는 점점 더 많은 이야기를 듣게 되었다. 간호사실 맞은편 연두색 소파는 우리의 작은 아지트가 되었다. 특히 발음이 불분명한 27살 오빠의 이야기를 '통역'하게 되면서, 나도 모르게 그들의 세계로 한 발짝 들어섰다.

"오늘… 소… 맛있… 었어."

"아, 오늘 아침 소시지가 맛있었다고 하시는 거죠?"

내가 말을 알아들을 때마다 오빠는 환하게 웃으며 엄지를 치켜세웠다. 그 후 모여 있을 때면 모르는 척 나도 끼어들어 오빠가 무슨 말을 하는지 귀를 기울였다. 오빠의 말을 이해하는 날이 있는가 하면 하나도 못 알아듣는 날도 있었다. 그러면 쓸데없이 나섰다는 생각에 마음이 불편해졌다.

"미안해요."

그러면 오빠는 웃으며 엄지손가락을 치켜세웠다.

"괜찮… 아, 내… 일은 더 잘… 통할… 거야." 오히려 나를 위로했다.

옆 병실에서 들리는 고성과 발작하는 환우를 보며 심장이 쿵쾅거렸다. 하지만 그때마다 누군가 살며시 다가와 '우리도 처음엔 다 그랬어.'라며 손을 잡아 주었다.

퇴원하는 날, 오빠가 건넨 이온 음료는 단순한 음료수가 아니었다. 그것은 서로를 이해하고 받아들이는 법을 가르쳐 준 시간의 증표였다. 눈시울이 붉어졌다.

폐쇄 병동에 적응하기까지 나는 늘 불안했었다. 감시당하고 있다는 느낌이 늘 따라다녔고, 증상이 심한 환우를 보며 긴장의 끈을 놓지 못했다. 그 환우가 나에게 아무것도 하지 않았는데도 불구하고 마음을 놓을 수 없었다. 종일 멍한 상태로 왔다 갔다 하는 환우의 모습에 심란한 나머지 신경이 예민해졌다.

'나는 폐쇄 병동에 입원할 정도의 상태가 아니야.' 그때 나는 영화 속에 등장하는 폐쇄 병동의 이미지에 사로잡혀 있었다. 건장한 남자 두 명이 소리를 지르며 제 몸을 가누지 못하는 사람을 질질 끌어 병실 안에 가두는 장면. 그래서 폐쇄 병동을 가지 말아야 하는, 두 번 다시 빠져나올 수 없는 함정으로 상상해 버렸다. 그런데 시간이 지날수록 나에게 다가온 환우들의 진심에 마음을 열게 됐다.

지금도 가끔 그 병동을 떠올린다. 우리는 모두 각자의 방식대로 세상과 담을 쌓고 있었는지도 모른다. 하지만 그 담 너머로 손을 내밀어 준 이들이 있었기에 나는 다시 세상을 마주칠 용기를 얻을 수 있었다.

우리 모두 때로는 문을 닫고, 때로는 문을 여는 법을 배우며 살아간다. 폐쇄 병동 입원은 나에게 문을 여는 계기가 되었다. 나 혼자 열 수 없었던 문 앞에서 누군가 따뜻한 손길을 내밀어 주었고, 용기 내어 그 손길을 잡았다.

나는 폐쇄 병동에서 친구 사귀는 법과 마음을 여는 법을 배웠다. 나를 가두고, 이래서 안 될 거고, 저래서 안 될 거고 하면서 마음의 문을 닫고 세상과 벽을 쌓은 나. 병동에서 환우들과 나는 다르다며 거리를 두고, 혼자만의 세계에 빠져들었던 나. 이런 나에게 손길을 내민 사람들. 고맙고 또 고맙다는 말을 전하고 싶다.

✦✦✦
백설 왕자와 어머니

　입원했을 때 동갑내기를 만났다. 뉴욕대에서 공부하다 온 유학생이었는데, 나는 그를 '뉴욕대 친구'라고 불렀다. 160cm가 조금 넘는 나와 비슷한 키에, 피부가 유독 하얀 남자였다. 그를 볼 때마다 '백설 왕자가 있다면 저렇게 생기지 않았을까?' 하는 생각이 들었다. 하지만 그 하얀 피부와 대조적으로, 양팔은 피부가 벗겨져 붉은 속살이 드러났다. 벗겨신 피부 사이로는 신물이 배어 나와 붉은 사막처럼 갈라진 자국이 선명했다.

　한겨울이었지만 그는 반팔 환자복을 입고 다녔다. 병동 온도가 일정하게 유지되어 춥지는 않았지만, 그래도 반팔을 입기에는 무리였다. 그런데도 그는 강시처럼 양팔을 들고 다니며 사람들에게 먼저 인사를 건넸다.

주말이면 으레 보호자들이 찾아왔다. 비슷한 또래의 환자들이 많다 보니, 주말마다 보호자들께 인사하는 것이 자연스러운 일과가 되었다. 보호자들은 서로 안부 인사를 나누긴 했지만 그 이상 가까워지기엔 어색한 듯했다. 다만 오랫동안 입원한 환자의 부모님들은 간혹 한쪽에서 조용히 이야기를 나눴다.

"아플 줄 알았다면 절대로 유학을 보내지 않았을 거예요."
"그러게요. 타지에서 혼자 생활하는 게 어디 쉬운 일인가요. 맘고생이 컸겠죠."

그들의 한숨 섞인 대화를 들을 때마다, 유학이 결코 동경의 대상만은 아니라는 것을 깨달았다.

뉴욕대 친구의 아버지는 이삼일에 한 번씩 병동을 찾았다. 양손에는 늘 커다란 투명 비닐봉지가 들려있었다. 신발, 슬리퍼, 책, 옷, 샴푸, 세면도구가 가득했다. 친구는 강박증 때문에 한 번 쓴 물건을 다시 사용하지 못했다. 샴푸나 바디워시 한 통을 다 쓸 때까지 샤워를 마치지 못해 목욕 시간만 2시간이 넘게 걸렸다.

일요일 오후 2시, 평소처럼 다른 보호자분들께 인사를 하고 병실 복도에 나왔을 때였다. 남색 원피스를 입고 머리를 우아하게 말아 올린 중년의 여인이 눈에 들어왔다. 아담한 체구와 하늘거리는 원피스가 잘 어울리는 단아한 미인이었다.

"안녕하세요."

미소를 지으며 인사를 건넸는데, 여인의 표정이 좋지 않다. 얼굴에 그늘이 서리더니 입술을 다문 채 뒷걸음질 치는 게 아닌가. 그때 저 멀리서 "엄마." 하는 소리가 들렸다. 뉴욕대 친구다.

친구는 반가워하며 빠른 걸음으로 다가갔지만, 어머니는 인상을 찌푸리며 팔을 휘저었다. 가까이 오지 말라는 몸짓이었다. 간호사의 인사에 어머니는 급히 팔을 숨기고는 다른 보호자들 사이로 자리를 옮겼다.

"엄마."

친구가 다시 부르자 어머니는 손가락을 입술에 갖다 대며 조용히 하라는 말만 반복했다. 친구가 한 발 다가설 때마다 어머니는 한 발 물러났다. 휴게실의 공기가 얼어붙을 것만 같았다. 15분이 지나도록 어머니는 한마디도 하지 않았다. 그러더니 갑자기 자리를 박차고 일어나 후다닥 밖으로 나가

버리는 게 아닌가. 무거운 침묵이 흐르는 가운데, 친구가 먼저 입을 열었다.

"놀랐지? 내가 강박증 진단받고 증상이 심해지니까 엄마가 견디지 못하셨어. 결국 우울증 진단을 받으셨고, 그 뒤로는 나와 만나는 걸 꺼리셔. 그동안 입원해도 안 오셨는데, 이번에 오셔서 기분이 좋네."

해맑게 웃는 친구의 얼굴을 보며 나는 아무 말도 할 수 없었다. 아들을 거부하는 어머니, 그런데도 엄마에게 다가가려 하는 아들. 제삼자인 내가 왜 눈물이 나려는 걸까?

강박증을 앓는 아들을 보며 어머니는 무슨 생각을 했을까. 안쓰러움이었을까, 실망이었을까. 어쩌면 아들의 아픔보다 자신의 상처가 더 컸는지도 모른다. 그때 나는 깨달았다. 부모도 지치고 아플 수 있다는 것을. 문득 나의 엄마가 떠올랐다. 내가 아플 때마다 밤새워 간호하시던 모습. 엄마도 얼마나 지치고 아팠을까. 모든 부모는 자식을 위해 자신을 내어 주지만, 그들 역시 인간이기에 지치고 힘들 수 있다는 걸 왜 이제야 알았을까.

✦✦✦
콜라 한 모금의 위로

 무거운 철문이 닫히는 소리에 가슴이 덜컥 내려앉았다. 휠체어에 앉아 폐쇄 병동으로 들어서는 순간, 개방 병동의 따스한 햇살은 더는 보이지 않는다. 투명 플라스틱으로 가려진 간호사실, 어둑한 조명, 그리고 나의 마지막 연결 고리였던 스마트폰마저 건네주고 나니 세상과 단절된 듯한 고립감이 밀려왔다.

 입구에서부터 시작된 가방 검사는 철저했다. 간호사의 손길이 하나하나 물건을 확인할 때마다 내 자존심도 함께 뒤적여지는 것만 같았다. 날카로운 물건들이 하나둘 수거되는 동안, 나는 고개를 들지 못했다. 창밖으로는 노을이 지고 있었다. 개방 병동에서는 그토록 따스하게 느껴졌던 저녁 햇살이 여기서는 차갑게만 보였다.

빈 병실에 홀로 앉아 있을 때, 문이 열리며 그녀가 들어왔다. 170cm의 늘씬한 키에 허리까지 내려오는 밝은 갈색 머리카락, 큰 눈에 오뚝한 코를 가진 그녀는 잡지에서 튀어나온 듯했다. 하지만 완벽해 보이는 외모 속에는 어딘가 모르게 깊은 슬픔이 서려 있었다.

"여기서 반갑다는 말은 어울리지 않지만."

그녀가 웃으며 말을 건넸다.

"나는 조현병으로 입원했어. 이번에도 묶여서 실려 왔지. 벌써 몇 번째인지 기억도 안 나."

담담한 목소리로 말하는 그녀의 손가락이 침대 시트를 무의식적으로 쥐었다 폈다 반복하고 있었다. 처음 만난 사람에게 자신의 이야기를 술술 풀어내는 그녀가 낯설면서도, 묘하게 친근하게 느껴졌다. 어쩌면 우리는 서로의 아픔을 알아보는 건지도 모른다.

"승무원이었을 때가 있었어."

그녀의 목소리가 갑자기 밝아졌다.

"하늘을 날 때면 모든 게 작아 보였지. 내 고민도, 두려움도."

이야기하는 그녀의 눈빛이 반짝였다. 마치 그 순간만큼은 다시 하늘 위에 있는 것처럼. 하지만 이내 그 빛이 사그라졌다.

"이제는 더 이상 날 수 없어. 영원히."

그 말에 담긴 상실감이 가슴을 찔렀다. 나는 꿈꿔 왔던 유치원 선생님이 되지 못했다. 아이들의 웃음소리가 가득한 교실을 꿈꾸며 준비했던 모든 것들이 지금은 먼지 쌓인 추억이 되어 버렸다. 우리는 서로 다른 진단명을 가졌지만 뜻대로 되지 않는 몸과 마음이라는 점에서는 똑같았다.

병실의 일상은 단조로웠다. 매일 아침 7시 기상, 아침 식사, 약 복용. 그리고 긴 하루가 이어졌다. 그녀는 종종 창가에 서서 하늘을 바라보곤 했다. 나는 휠체어에 앉아 그런 그녀의 뒷모습을 지켜보았다. 우리는 말없이 서로의 그리움을 이해했다.

주말, 엄마의 방문으로 잠시 산책할 기회를 얻었을 때였다. 평소와 다른 활기가 병동을 감돌았다. 면회 시간을 기다리는 환우들의 모습이 마치 축제를 기다리는 아이들 같았다. 그때 그녀가 조심스레 다가왔다.

"저기…." 그녀의 목소리가 떨렸다. "죄송한데, 부탁 하나만 들어주실 수 있을까요?"

묶여서 실려 온 탓에 아무것도 가져오지 못했다는 그녀의 눈빛에는 간절함이 가득했다.

"콜라…. 한 병만 사다 주실 수 있으신가요? 돈이 없어서 정말 죄송해요."

엄마는 아무 말 없이 그녀의 손을 잡아 주셨다. 그리고 곧장 1층 매점으로 향하셨다. 차가운 콜라를 받아 든 그녀의 눈가가 붉어졌다. 한 번에 콜라를 들이키는 모습을 보며 그건 단순한 갈증이 아니란 걸 알 수 있었다. 세상과의 작은 연결 고리. 콜라 한잔 즈음 마실 수 있는 작고 평범한 일상에 대한 갈망이었다.

나도 엄마께 콜라를 부탁드렸다. 탄산의 톡 쏘는 맛이 목을 타고 흐르는 순간 울컥하는 감정을 누르기 힘들었다. 집에 있을 땐 숱하게 마시던 콜라를 이제는 보호자를 통해서만 마실 수 있다는 게 나를 슬프게 했다.

누구나 살다 보면 자신만의 폐쇄 병동을 만나게 될지도 모른다. 감당할 수 없는 현실에 갇혀서 벗어날 수 없는 순간. 어떤 이에게는 그것이 실패일 수도, 이별일 수도, 또는 길을 잃은 순간일 수도 있다. 그럴 때 콜라 한 모금처럼 사소한 위로로 나를 달랠 뿐이다. 지금은 잠시 쉬어가는 중이고, 이런 시간이 필요하다고. 그녀와 나는 말없이 탄산을 마시며 창밖 풍경을 바라봤다. 창밖으로 보이는 하늘은 여전히 높았지만 그날만큼은 하늘이 조금 더 가깝게 느껴졌다. 콜라 한 모금이 지친 마음을 적셔 주었다.

❖❖❖
아픔과 위로 사이

 거울 앞에서 머리를 묶다가 떨리는 왼손을 바라보았다. 평소라면 30초면 끝날 일인데, 오늘따라 고무줄이 자꾸 미끄러져 내렸다.

 아침 햇살이 창가에 비치는 화창한 날이었다. 노란 은행잎이 하늘하늘 떨어지는 걸 보며 산책하고 싶다는 생각이 들었다. 예전에는 당연히 할 수 있었던 일들이, 이제는 작은 소원이 되어 버렸다.

 처음에는 아픈 걸 숨기려 했다. 하지만 가족 모임에서 젓가락질이 어려워 밥을 흘리고, 친구와의 약속에서 갑자기 다리에 힘이 빠져 중간에 돌아와야 하면서 하나둘 주변 사람들이 알게 되었다. 특히 화장실이 제일 난감했다. 혼자 있을 때 갑자기 다리가 말을 안 들으면 어쩌나 하는 두려움.

그래서 집에 늘 누군가가 있어야 했다. 마치 어린아이처럼. 엄마가 장 보러 가실 때면 "1시간 안에 올게." 하시지만, 그 1시간이 마치 1년처럼 느껴졌다.

봄날 교외 카페에서 친구들과 만나기로 한 날이었다. 테라스에 앉아 꽃구경하며 수다 떨고 싶었는데 아침부터 손이 떨리기 시작했다. 결국 문자를 보냈다.

'미안해. 갑자기 일이 생겨서 약속을 취소할게.'

메시지를 보내고 창밖을 바라보는데 벚꽃이 흩날리고 있었다.

주변 분들의 응원은 따뜻했다.

"요즘 의료 기술이 좋으니 나을 수 있어."

카페에서 만난 이모는 내 손을 꼭 잡아 주었다. 그 손길에서 신심이 느껴졌다. 하지만 시간이 흘러도 변화는 없었다. 요리하는 걸 좋아했는데 이제는 식칼 잡기도 힘들다. 그래도 요리 유튜브는 매일 본다. 언젠가 다시 부엌에 설 수 있을 거란 작은 희망을 품고.

계단을 오르내릴 때면 아기 펭귄이 된 것 같았다. 엉금엉금. 가끔은 웃음이 나기도 했다. 슬픔 속에서도 유머를 잃지 않으려 노력했으니까.

  10년이 지났다. 강산이 변하는 동안 나는 병원 침대에서 많은 시간을 보냈다. 하지만 그 시간이 모두 헛된 건 아니었다. 작은 것에 감사하는 법을 배웠으니까. 창밖의 새소리, 따뜻한 햇살, 가족의 손길.

  여전히 사람들은 "곧 나을 거야."라고 말한다. 혹은 엄마의 지인처럼 "치료를 받는데 왜 낫지 않는 거야?"라며 아무렇지 않게 말하기도 한다. 하지만 이제는 그 말에 예전처럼 상처받지 않는다. 다만 때로는 말보다 따뜻한 침묵이 더 위로가 된다는 걸 알게 되었다.

  어느 봄날, 집 앞 벤치에 앉아 있었다. 옆자리에 할머니 한 분이 앉으시더니 그냥 가만히 계셨다. 아무 말씀도 없이, 그저 따뜻한 봄볕을 함께 즐기는 그 시간이 너무나 위로가 되었다.

  이제는 안다. 누군가 아프다고 할 때 꼭 뭔가를 말해야 할 필요는 없다는 것을. 때로는 그저 곁에 있어 주는 것, 같이 침묵해 주는 것만으로도 충분하다는 것을. 마치 봄날의 그 할머니처럼.

창밖에는 여전히 은행잎이 춤추듯 떨어지고 있다. 오늘은 창가에 앉아 차 한 잔을 마시며 그 풍경을 즐기려 한다. 작지만 확실한 행복, 그것이 바로 내가 찾은 새로운 일상의 의미다.

천천히, 그래도 걸어간다

스트레스받은 일이 없었는데….

그저 피곤함이 오래갔을 뿐인데….

평소보다 잠을 덜 잤을 뿐인데….

이유를 찾으려는 무성한 추측이 오히려 나를 더 지치게 만든다. 병원에서는 늘 같은 질문을 던진다.

"무슨 일이 있었나요?"

그러면 나는 대답한다.

"특별한 일이 없었어요."

말을 돌리는 게 아니다. 정말 아무 일도 없었다. 평소와 다르지 않은 하루하루를 보냈고, 특별히 기억에 남는 일도 없다. 그저 조금 피곤하고, 잠을 잘 못 잔 것뿐인데 증상이 불청객처럼 찾아와 내 몸을 제멋대로 조종한다. 이유라도 알면 '아, 그게 스트레스였구나.' 하고 해결의 실마리라도 잡을 텐데, 십중팔구는 이유를 찾을 수 없어 답답함에 열이 난다.

어느 날 아침, 물잔을 들어 올리려는데 왼손이 파르르 떨렸다. '피곤해서 그렇겠지.' 하고 넘겼다. 하지만 그날 이후 떨림은 마치 나를 놀리기라도 하듯 제멋대로였다. 밥을 먹다가도, 글을 쓰다가도, 심지어 잠들기 직전에도 떨림은 멈추지 않았다.

그러다 어느 순간부터 온몸으로 번졌다. 버스를 타려다 넘어질 뻔했고, 회사에서는 의자에 앉아 있기도 힘들었다. 사람들의 시선이 따가웠다. "괜찮아요?"라는 물음에 괜찮다고 웃어 보였지만 속으로는 눈물이 났다.

발작이 잦아들었다고 안도하던 찰나, 이번에는 오른쪽 다리가 말을 듣지 않았다. 아침에 일어나 화장실로 가려는데 다리가 꺾였다. 균형을 잡으려 했지만 소용없었다. 마치 누군가가 내 다리를 잡아당기는 것 같았다. 맨발로 걸을 때는 45도, 신발을 신으면 90도로 꺾이는 발. 거울 속 내 모습이 낯설다. 다른 증상으로 인해 병원을 전전하면 의사들은 내 다리를 보고 놀란다.

"이러다 큰일 나요."

그 말이 가슴에 콕 박힌다. 하지만 어찌하랴, 내 의지로 되는 게 아닌 것을.

매일 밤 잠들기 전 기도하듯 중얼거렸다. '내일은 좀 나아질까?' 하지만 아침이 오면 또다시 같은 하루가 시작된다. 시간이 흐를수록 증상은 더 깊은 그늘을 드리웠고, 나는 그 그늘 속에서 길을 잃어 가고 있었다.

시간이 흘러도 증상은 나아질 줄 몰랐다. 2주가 한 달이 되고, 한 달은 어느새 두 달이 되었다. 그러다 코로나가 찾아왔고, 나는 10개월이라는 긴 시간을 방 안에 갇혀 보내야 했다. 처음에는 '곧 나아지겠지.' 하는 마음이었다. 하지만 팔다리가 말을 듣지 않았고, 기어서라도 나가고 싶었지만 그마저도 불가능했다.

화장실은 기저귀로 해결했고, 양치는 고체 치약으로 겨우겨우 했다. 샤워는 꿈도 꿀 수 없어 드라이 샴푸로 대충 때웠다. 이온 음료로 하루하루를 버텼다. 배가 고파도 먹을 수가 없었다. 먹고 싶다는 생각조차 사치였다.

창밖으로 계절이 바뀌어 갔다. 봄꽃이 피고 지고, 여름 햇볕이 내리쬐고, 가을 단풍이 물들었다. 하늘을 바라보며 '저 구름처럼 둥둥 떠다닐 수 있다면 얼마나 좋을까?' 하는 상상을 했다. 때로는 화가 났다. 내가 무슨 잘못을 했기에 이런 고통을 받아야 하는지. 무력감에 자주 눈물을 흘렸다. 스스로 아무것도 할 수 없다는 게 이렇게 서글픈 일인 줄 몰랐다. 밤이면 더 힘들었다. 잠은 오지 않고, 머릿속은 온통 어두운 생각뿐이었다.

'이대로 영영 걷지 못하면 어쩌지?'
'나는 이제 누군가의 짐이 된 걸까?'

그런 생각들이 머릿속을 빙빙 돌았다. 잠이 든다는 건 또 다른 고통을 의미했다. 잠에서 깨어나면 현실이 꿈이기를 바랐지만 매일 아침 똑같은 현실이 나를 기다리고 있었기 때문이다.

어느 날 아침, 몸이 전보다 조금 가벼워진 것 같다. 손가락 하나 까딱하기도 힘들었던 날들이 지나고, 이제는 손을 조금씩 움직일 수 있게 되었다. 엄마의 도움을 받아 일어서기를 시도했다. 처음에는 실패했다. 다음 날도, 그다음 날도 실패했다. 하지만 매일 매일의 시도 속에서 조금씩 달라지는 것을 느꼈다.

여섯 번째 날, 드디어 일어섰다. 기쁨의 순간도 잠시, 이제 시작에 불과했기 때문에 축배를 들기에 이르다. 워커를 붙잡고 한 발을 떼는 순간, 온몸이 떨렸다. 첫날에는 겨우 열 발짝. 그 짧은 거리에 온 힘을 쏟아부어야 했다. 하지만 오른쪽 다리는 여전히 제멋대로다. 질질 끌다 보니 마찰력 때문에 도저히 맨발로 걸을 수 없다. 그래서 조금이라도 편해질 수 있을까 싶어 수면 양말을 신었다.

걷는 자세가 나아지자 외출을 시도했다. 처음에는 운동화를 신었다가 큰코다쳤다. 90도로 꺾인 발로는 도저히 걸을 수 없었기 때문이다. 시행착오 끝에 찾은 것이 덧신이다. 얇은 천 덕분인지 발의 꺾임이 줄어들었다. 그리고 또 하나 찾아낸 해결책은 크록스다. 통굽 크록스는 마치 구원의 손길처럼 다가왔다.

지금도 증상과 함께 살아간다. 하지만 이제는 조금 다르다. 봄과 여름에는 덧신으로, 가을과 겨울에는 크록스로 걸음을 떼는 법을 알게 되었다. 비록 멀리 갈 수는 없지만, 한 걸음 한 걸음의 의미를 더 깊이 이해하게 되었다. 점점 더 분홍색 원피스에 다가가고 있다.

누군가에게는 당연한 일상이 나에게는 작은 승리다. 매일 아침 일어나 걸을 수 있다는 것, 그것만으로도 감사하다. 내 몸이 보내는 신호에 귀 기울이며, 때로는 천천히, 때로는 잠시 쉬어가며 걸어간다. 비록 남들처럼 운동화를 신지 못하더라도 이제는 연연하지 않는다.

걸을 수 있다는 것, 그것이면 충분하다. 오늘도 한 걸음을 내디딘다. 내일은 어떨지 모르지만 지금 이 순간만큼은 내 발로 서서 걸어갈 수 있다.

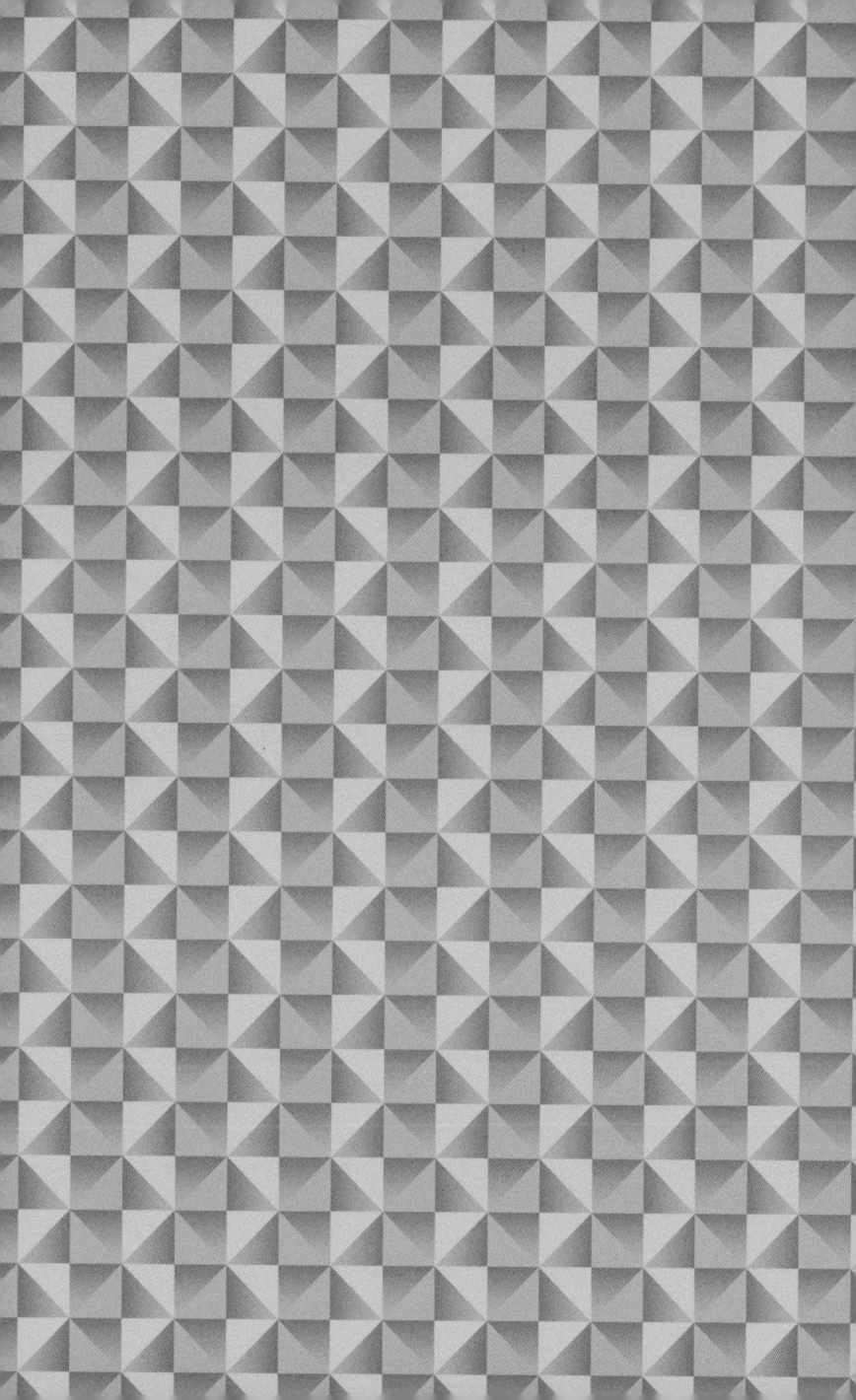

멈춘 일상 속
희망으로 살아가기

"오늘도 창가에 앉아 바깥세상을 바라본다. 행인들이 가볍게 걸어가는 모습, 아이들이 뛰어노는 모습이 눈에 들어온다. 예전에는 당연하게 여겼던 일상의 모든 순간들이 얼마나 값진 것이었는지 알게 된다. 밥을 먹기 위해 식탁으로 걸어가는 것, 화장실에 혼자 가는 것, 샤워를 하는 것. 그 모든 것이 특별한 선물처럼 느껴진다. 내가 얼마나 많은 사랑과 도움으로 살아가고 있는지를 비로소 깨닫는다. 일상의 작은 행복들을 더 소중히 여겨야겠다고, 창문 밖으로 저물어 가는 석양을 바라보며 마음속으로 다짐한다."

❖❖❖
거울 속 나에게

　병원에 입원하던 일상은 점차 줄어들었다. 그래도 완전한 회복은 아니어서 증상이 심해지면 언제든 병원에 입원해 치료를 받아야 했다. 병원에 있을 때는 정신이 없어 몰랐는데 집에 있으면 거울을 들여다보는 시간이 생각보다 길다는 걸 깨달았다.

　거울 속에 한 여자가 서 있다. 익숙하면서도 낯선 얼굴이다. 보름달처럼 둥그런 얼굴에는 두툼한 눈꺼풀이 무겁게 내려앉아 있고, 고개를 살짝 돌리기만 해도 이중 턱이 드러났다. 한숨을 쉬며 고개를 내리자 목덜미의 살이 층층이 접혔다. 손으로 허리를 더듬어 보지만 어디가 허리인지 가늠조차 되지 않는다. 쇄골은 이미 오래전에 살 속으로 숨어 버렸다.

　초등학생 시절 배웠던 개미가 떠올랐다. 머리, 몸통, 다리로 이루어진 작은 곤충. '개미허리'라는 말이 있을 정도로 잘록한 허리는 누구나 알 수 있다. 내 새끼손톱보다도 작은 개미도 분명한 허리를 가지고 있는데, 나는 어떻게 된 걸까? 분명 허리라는 부위가 있을 텐데, 이 굴러갈 듯한 몸매 어디에서도 그것을 찾을 수가 없다.

"아악!"

거울 속 모습에 절로 탄식이 나왔다. 소리를 듣고 엄마가 방으로 들어왔다.

"나 살 빼야 해."

"무슨 소리니. 그러다 또 몸 상태 나빠지면 어쩌려고."

간절한 내 목소리에도 엄마는 걱정스러운 눈빛으로 고개를 저었다.

20대 중반까지 나는 청바지에 후드 티만 입고 다녔다. 옷에 관심도 없었고 패션이란 것을 알지 못했다. 그저 편하다는 이유로, 나와 어울린다는 착각으로 다른 옷을 시도해 볼 생각조차 하지 않았다. 엄마와 동생들은 그런 나를 안타까워했다.

"세아야, 나이에 맞게 옷 좀 입어 봐."

"언니, 이제 좀 달라져 봐."

하지만 나는 그런 말들을 흘려보냈다.

그러던 어느 날, 우연히 들른 아웃렛에서 운명처럼 그 원피스를 만났다. 은은한 분홍빛 색감, 허리를 부드럽게 감싸 안으며 무릎까지 내려오는 우아한 라인, 과하지 않은 디자인까지. 평소 분홍색을 좋아하지도 않는데, 그날만큼은 그 색이 특별해 보였다. 피팅 룸에서 입어 보는 순간, 거울 속에 비친 내 모습이 낯설 만큼 달라 보였다. 망설임 없이 그 자리에서 구매했다.

옷장에 걸어 두고 잔잔한 상상에 빠졌다.

'화창한 봄날, 이 원피스를 입고 거리를 거닐면 어떨까?'

'구두를 신고 카페에 앉아 있으면 나도 우아한 어른으로 보이겠지?'

하지만 그 원피스는 두 번 다시 옷장 밖으로 나오지 못했다.

전환 장애 진단을 받았을 때만 해도 살이 찔 리 없다고 생각했다. 치료도 금방 끝날 테고, 약도 오래 복용할 일이 없을 거라 믿었다. 하지만 현실은 달랐다. 복용 기간이 길어지면서 점점 두려움이 스며들었다. 병원에서는 약과 체중 증가는 상관없다고 했지만 거울 속 내 얼굴은 달덩이처럼 부

풀어 올랐다. 부모님도 달라진 내 모습에 말을 잇지 못했다. 스물다섯 살까지는 체중계의 숫자가 변하지 않았다. 하지만 얼굴은 계속해서 둥글어졌고, 언제부턴가 체중이 서서히 증가하는 게 아닌가. 0.5kg이 1kg이 되고, 2kg, 3kg으로 불어났다. 변화가 더뎠기 때문에 알아채기까지 시간이 걸렸다. 어느 순간 눈덩이처럼 불어난 살들이 온몸을 덮어 버렸다. 온몸에 모래주머니를 찬 것처럼 무거워졌고, 살에 파묻힌 이목구비는 점점 흐릿해져 갔다.

되돌아보면 나는 스스로를 너무 방치했다. 약을 복용하면서 살이 찌고 있다는 걸 알면서도 그저 어쩔 수 없다는 핑계로 가만히 있었다. 퇴원 후 무기력하게 지냈고, 상태가 좋지 않다는 핑계로 운동은 생각조차 하지 않았다. 스트레스를 받을 때마다 단 것으로 위안을 삼았다. 달달한 초코라테와 케이크는 내 하루의 위안이었다. 잠깐의 위로가 될 순 있어도 건강한 방법이 아니라는 걸 알면서도 말이다. 채소는 귀찮다는 이유로 외면했고, 간편식으로 끼니를 때우는 날이 많았다. 약을 먹어서 살이 찐다고 투덜거리면서도, 정작 나는 내 몸을 더 혹사시키고 있었다.

먹는 양을 줄이고 걷기에 힘썼지만 소용없었다. 10kg 넘게 불어난 몸무게는 요지부동이었고, 옷장 속 옷들은 하나둘 입을 수 없게 되었다. 특히 그 분홍색 원피스는 이제 허벅지조차 들어가지 않는다. 10년이 지나며 색이 바랬지만, 여전히 버리지 못하고 있다.

오늘도 나는 옷장 속 분홍색 원피스를 바라본다. 옷이란 단순히 몸을 가리는 천 조각이 아니다. 그것은 우리가 꿈꾸는 이상이자 되고 싶은 나의 모습이다. 분홍색 원피스를 입고 활짝 웃는 모습을 상상하는 것은 건강한 삶을 향한 희망이자 자신을 사랑하겠다는 약속이다.

이제는 알겠다. 내 몸을 사랑하는 방법을. 무리한 다이어트가 아닌 꾸준한 산책과 건강한 식단으로 천천히 나아가는 것. 그것이 진정한 자기 관리이자 자신을 향한 사랑일 것이다. 언젠가 분홍새 원피스를 입고 봄날의 공원을 거닐 때 그것은 단순히 예뻐서가 아닌 건강을 되찾았다는 승리의 증표가 될 것이다.

오늘부터 다시 시작하자. 포기하지 말고, 한 걸음씩 앞으로 나아가자. 거울 속의 나에게 약속한다. 반드시 그날이 올 것이라고.

♦♦♦
세 걸음 뒤로, 한 걸음 앞으로

"왜 살을 빼고 싶어?"

"몸의 충격을 줄이기 위해서야."

처음 이 말을 했을 때, 많은 이들이 의아해했다.

평소 오른쪽 다리가 뒤틀리고 꺾인 상태로 걸어 다니다 보니 자연스레 몸의 균형이 깨졌다. 왼쪽 다리에 의지하며 걷는 동안 발목과 무릎은 조용히 그 무게를 견뎌 내고 있었다. 10kg 넘게 늘어난 체중은 걸을 때마다 관절에 몇 배의 충격을 주었다. 유연한 체질 덕에 버텨 왔지만 언제까지 이렇게 버틸 수 있을지는 의문이었다. 뼈에는 아직 문제가 없다는 사실에 안도하면서도 불안한 마음은 깊어져 갔다.

건강을 위해 운동을 해야 하는데 불편한 다리 때문에 움직임이 쉽지 않다. 아이러니하게도 다른 신체 부위의 건강을 위해서 오히려 움직이지 말아야 하는 상황. 그렇게 나는 난감한 갈림길에 서 있다. 근본적인 해결책은 없지만 차선책을 찾아보기로 했다. 무리하지 않는 선에서 움직이기. 이 모호한 기준 속에서 나는 반려견과의 산책 시간을 소중히 여겼다. 하지만 그것은 운동이라기보다 '바람 쐬기'에 가까웠다. 세 걸음 걷고 멈춰 냄새를 맡는 강아지의 리듬에 맞추다 보면 그저 서성이는 것이 전부였다.

다음 날 아침, 강아지와 함께 동네를 걸었다. 여느 때처럼 세 걸음 걷고 멈추기를 반복했다. 골목길 끝에서 비치는 아침 햇살이 눈 부셨다. 강아지는 전봇대 밑에서 열심히 냄새를 맡았다. 개나리가 피어 있는 담벼락 앞에서 또 한참을 멈췄다. '이것도 나름의 운동이려나.' 생각하며 피어오르는 한숨을 삼켰다. 그때 불어온 봄바람이 어깨를 감쌌다. 고개를 들어 보니 담벼락의 개나리가 바람에 살랑거렸다. 올려다본 강아지의 눈빛이 말했다.

'괜찮아요, 천천히 가요.'

'생각을 바꾸자.'

살을 빼는 것보다 움직이는 것이 더 중요하다. 홈 트레이닝 영상을 찾아보던 중, 땅끄부부의 '걸으면서 뱃살 쭉쭉 빠지는 운동' 영상을 발견했다.

노트북 화면 속 땅끄부부가 밝은 미소로 인사를 건넸다. 방 한편에 노트북을 놓고 운동할 자리를 마련했다. 좁은 공간이었지만 양팔을 벌릴 수 있을 정도의 여유는 있다. 창밖으로 저녁 무렵의 붉은 햇살이 스며들었다.

"자, 오늘도 힘차게 시작해 볼까요?"

경쾌한 목소리를 따라 몸을 움직였다. 처음에는 쉬워 보였다. 다리를 번갈아 들어 올리는 단순한 동작. 하지만 오른쪽 다리를 들어 올릴 때마다 균형이 흔들렸다. 왼쪽으로 기우뚱, 오른쪽으로 기우뚱. 책상 모서리를 살짝 잡았다 놓았다 하며 겨우 버텼다.

3분, 4분. 시간이 흐르면서 이마에 땀방울이 맺히기 시작했다. 숨은 점점 거칠어졌다. 화면 속 부부는 여전히 활기찼지만 나는 지친 얼굴로 노트북 화면에 비친 내 모습을 마주했다. 축 처진 어깨, 흐트러진 자세. 그래도 포기하지 않고 끝까지 따라갔다.

"힘내세요! 얼마 안 남았어요!"

격려의 말에 마지막 힘을 짜내어 팔을 휘저었다. 마침내 '땡' 하는 소리와 함께 영상이 끝났을 때 티셔츠는 땀에 절어 있었다. 바닥에 털썩 주저앉아 거친 숨을 몰아쉬며, 창밖을 바라보았다.

처음에는 3일 연속으로 운동을 했다. 하지만 끙끙 앓다가 결국 이틀에 한 번으로 줄였다. 그마저도 금세 일주일에 두 번으로 뜸해졌고, 몸 상태가 나빠지면서 운동은 간간이 생각날 때나 하는 것이 되어 버렸다.
'뭐든 꾸준히 해야 하는데.'
입술을 깨물며 한숨을 내쉬었다. 짧은 움직임에도 운동했다며 스스로 위로하다 보니 점점 더 게을러졌다. 의지는 꺾여 버렸고, 운동 시간은 서서히 일상에서 지워져 갔다.
'다이어트는 불가능해도 몸을 좀 더 움직이는 건 어려운 일이 아닐 텐데.'
알면서도 행동으로 옮기지 못하는 내 모습이 답답했다. 운동만 하면 체력이 좋아질 거라 기대했건만 오히려 앓아눕는 시간이 더 길 줄이야. '운동만 하면 살이 금방 빠질 거야.'라는 순진한 상상을 했던 것이 부끄러웠다. 세상에 쉽게 얻어지는 것은 없는데, 나는 계속해서 쉬운 길만 찾고 있었다.

 더 쉬운 운동을 찾아 유튜브를 헤매다가도 결국은 다시 땅끄부부 영상으로 돌아왔다. 하지만 피곤하다는 핑계로 한 달에 한두 번 하는 것이 전부였다. 체력을 핑계로 살과의 전쟁에서 연전연패를 거듭하고 있다.

 '이대로는 안 된다.'

 더 이상의 핑계는 통하지 않는다. 운동도, 움직임도 어렵다면 남은 방법은 하나. 바로 자세 교정이다. 건강은 바른 자세에서 시작된다고 하지 않던가. 매일 아침저녁 3분씩 바른 자세로 서기 시작했다. 스마트폰 타이머를 맞춰 어깨를 펴고 배에 힘을 주는 일. 처음에는 별것 아닌 듯했지만 이것이 이토록 힘들 줄 몰랐다. 평소 구부정한 어깨와 힘 빠진 배를 생각하면 당연한 결과였다. 잠깐의 기지개 외에는 바른 자세를 신경 써본 적이 없었으니까. 작은 습관이 모여 큰 결과를 만든다는 것을 생각하지 못했다니.

 '이것이 나의 마지막 보루야.'

 3분이라고 했지만, 아직은 그 절반도 버티기 힘들다. 처음에는 30초, 다음은 1분을 목표로 조금씩 나아가고 있다. 매일 '조금만 더'를 되뇌며 이를 악문다. 언젠가는 3분을 채

우는 날이 올 거라 믿으며 오늘도 나는 벽 앞에 선다.

　더는 서두르지 않기로 했다. 강아지의 속도에 맞춰 천천히 걸으며, 아침 공기를 마신다. 어제의 근육통이 아직 남아 있지만 그것마저도 내가 움직였다는 증거라고 생각하기로 했다. 개나리 향기가 코끝을 스쳤다. 오늘도 나는 한 걸음 한 걸음 나아가고 있다. 작은 시작이지만, 이것이 나를 향한 첫 걸음이라고 생각한다. 완벽하지 않아도 좋다. 느리더라도 괜찮다. 지금 이 순간 나는 내 몸을 돌보는 법을 배우고 있다.

◆ ◆ ◆
멈춰 선 일상에서 발견한 것들

증상이 시작되면 머리를 밀어 버릴까 생각한다. 거울에 비친 내 모습. 기름진 머리카락이 이마에 들러붙어 있고, 얼굴은 번들거려 손으로 만지면 기름종이처럼 손가락에 기름이 묻어난다. 한숨을 쉬며 고개를 돌렸다. 사람은 왜 매일 여러 번 화장실에 가고, 양치를 하고, 머리를 감고, 샤워를 해야 할까? 평범한 일상이 얼마나 소중한지는 그것을 할 수 없게 되었을 때 비로소 깨닫게 된다.

화장실에 가고 싶다는 신호가 오면 가슴이 철렁 내려앉는다. 입술을 깨물며 부모님을 바라본다. "엄마…." 그 한마디에 엄마는 이미 알고 계신 듯 방으로 다가온다. 그 표정에서 피로가 묻어났지만, 엄마는 미소 짓는다. "괜찮아, 함께 가자." 체구가 작은 엄마가 내 팔을 잡아당기는 모습을 볼 때마다 가슴이 아팠다. 엄마의 손등에 도드라진 힘줄과 빨갛게 변한 손목을 보며 눈을 질끈 감았다.

"쿵!"

난간에서 바닥으로 내려오는 순간, 허리에 전해지는 충격에 얼굴이 일그러졌다. 차가운 바닥에 깔린 돗자리와 배변 패드를 보는 순간 눈물이 핑 돌았다. 이런 상황이 익숙해진다는 게 더 서글펐다. 볼일을 마치고 물로 씻는 동안 얼굴은 화끈거리고, 귓가는 붉게 달아올랐다. 서른 중반의 내가 이런 모습으로 있다니.

엄마가 건네주신 수건으로 몸을 닦은 후, 다시 방으로 돌아가려 할 때, 물기에 젖은 피부가 바닥에 달라붙어 움직이질 않는다. "아…" 작은 탄식이 새어 나왔다. 그때 아빠가 조심스레 내 어깨를 받쳐 준다. "천천히 해도 돼, 서두를 필요 없어." 아빠의 굳은살 박인 손이 내 등을 받치는 감촉에 가슴이 뭉클했다.

기실에서 들려오는 부모님의 작은 대화가 귓가에 맴돈다.
"오늘은 좀 어때?"

"그래도 어제보다는 나아진 것 같아."

그 희망 섞인 목소리에 이불 속에서 눈물을 훔쳤다. 드라이 샴푸로 머리를 대충 정리하는 날, 엄마는 조용히 다가와 내 머리를 빗겨 주었다. 손길이 닿을 때마다 어린 시절로 돌아간 듯했다. "엄마, 미안해." 목이 메어 더 말을 잇지 못했다. 엄마는 그저 미소 지으며 "우리 딸 뒤통수가 참 예쁘네."라고 말할 뿐이었다. 그 말에 가슴이 저릿했다.

가만히 같은 자세로 있는 것이 얼마나 힘든지, 몸을 뒤척일 수 없는 답답함이 어떤 것인지 이전에는 상상도 못 했다. 침대에 누워 천장을 바라보다 허리가 아파져 오기 시작하면 손가락으로 이불을 꼭 움켜쥐고 입술을 깨물었다. '괜찮아, 괜찮아.' 스스로에게 중얼거리지만 시간이 지날수록 통증은 심해진다. 엄마의 손길이 내 어깨를 감싸고, 아빠의 팔이 내 허리를 받쳐 줄 때, 그 손길에서 전해지는 따뜻함에 울컥했다. 이런 사랑을 당연하게 여겼던 내가 부끄러웠다.

밤에 홀로 남겨질 때면 천장을 바라보며 눈물을 흘린다. 코가 막혀 숨쉬기가 힘들어지고, 눈물이 베개를 적셨다. 울음소리가 새어 나갈까 베개를 꼭 껴안고 입을 틀어막았다.

창문 너머로 보이는 별을 바라보며 속삭였다. '내일은 좀 나아질까?'

  오늘도 창가에 앉아 바깥세상을 바라본다. 행인들이 가볍게 걸어가는 모습, 아이들이 뛰어노는 모습이 눈에 들어온다. 예전에는 당연하게 여겼던 일상의 모든 순간들이 얼마나 값진 것이었는지 알게 된다. 밥을 먹기 위해 식탁으로 걸어가는 것, 화장실에 혼자 가는 것, 샤워를 하는 것. 그 모든 것이 특별한 선물처럼 느껴진다. 내가 얼마나 많은 사랑과 도움으로 살아가고 있는지를 비로소 깨닫는다. 일상의 작은 행복들을 더 소중히 여겨야겠다고, 창문 밖으로 저물어 가는 석양을 바라보며 마음속으로 다짐한다.

◆◆◆
『잠수종과 나비』가 초대한 세상

지인이 『잠수종과 나비』라는 책을 추천해 줘서 읽었다.

프랑스 엘르 잡지의 수석 편집장이었던 장 도미니크 보비는 갑작스러운 뇌간 뇌졸중으로 로크드 인 신드롬(Locked-in Syndrome)에 걸렸다. 의식은 완전히 정상적이지만, 몸 전체가 마비되어 오직 왼쪽 눈꺼풀만 움직일 수 있는 극단적인 상황. 그의 유일한 의사소통 방법은 알파벳을 눈 깜빡임으로 표현하는 것이다.

믿기 힘든 상황에서 그는 대필가 클로드와 함께 20만 번의 눈 깜빡임으로 자신의 책 『잠수종과 나비』를 썼다. 한 번의 깜빡임은 A, 두 번은 B, 세 번은 C…. 이렇게 그는 글자 하나하나를 선택해 책을 완성했다. 출간 후 45일 만에 세상을 떠났지만, 그의 책은 인간의 의지와 상상력의 놀라운 힘을 보여주었다.

  책을 읽으면 상상 속 세계가 펼쳐진다. 몸은 침대에 누워 움직이지 못해도 내 마음은 자유롭게 날아다니기 시작한다. 나는 유치원 선생님이 되어 아이들을 데리고 아쿠아리움에 간다. 길을 잃어버리지 않기 위해 선생님을 잘 따라다녀야 한다고 소리 높여 주의를 준다.

  "선생님, 저 물고기 봐요!"

  한 아이가 눈을 동그랗게 뜨고 아쿠아리움 유리창을 손으로 톡톡 두드리며 소리쳤다. 작은 열대어가 반짝이는 비늘을 흔들며 지나가자 아이들의 입에서 "와!" 하는 감탄사가 쏟아졌다. 그때 커다란 상어가 지나가자 다른 아이가 흠칫 놀라 내 품에 쏙 숨었다.

  "괜찮아. 저 상어는 우릴 괴롭히지 않아."

  내가 부드럽게 말하자 아이가 살짝 고개를 들어 물었다.

  "정말요?"

  눈물이 그렁그렁한 눈으로 나를 바라본다. 나는 아이의 머리를 쓰다듬으며 활짝 웃는다.

  꿈속에서 나는 하늘을 난다. 처음엔 어지러웠지만 곧 그 자유로움에 환호성을 질렀다.

"와~! 나는 새다!"

도시 빌딩 사이를 미끄러지듯 지나가다 끝없는 바다 위로 활활 날아올랐다. 바람에 머리카락을 흩날리고, 아래에 펼쳐진 세상은 마치 장난감 같았다. 멀리 무인도가 보인다. 초록빛 나무들과 형형색색 꽃들로 가득한 섬. 내려가고 싶지만 계속해서 하늘을 떠다녔다. 이 자유로움, 이 끝없는 상상의 세계가 그저 너무나 황홀했다.

어느 날은 자유롭게 움직일 수 있는 다리로 좋아하는 등산을 마음껏 했고, 정상에서 "만세!"를 외치며 내려다보는 풍경에 가슴이 뻥 뚫렸다. 모든 게 상상이라는 걸 알지만 상상에 빠져 시간을 보내다 보면 어느새 시계가 저녁을 가리키고 있다. 아, 오늘 하루도 잘 넘어갔네. 이마저 할 수 없었으면 어떻게 버텼을까?

침대에 누워 지내는 상황이 얼마나 길어질지 궁금해진다. 증상이 완화되고 일상으로 돌아갈 수 있을까? 대체 언제? 답이 없는 질문에 갇혀 있다가 다시 책을 펼쳤다. 그리고 잠에 빠져들면 나는 유치원 선생님이 되어 모래놀이 치료실에서 아이들과 시간을 보낸다. 한 아이가 거대한 로봇 피규어를 모래성 한가운데 세우더니 "선생님, 제 로봇이 성을 지키고 있어요!" 하고 씩씩하게 말한다. 나는 옆으로 다가가 성이 무너지는 일을 절대 없겠다며, 엄지손가락을 추켜올렸다.

 장 도미니크 덕에 내 머릿속 일상은 활발하게 움직였다. 책을 읽고 난 뒤 몇 달이 흐른 지금, 한 문장이 선명하게 기억에 남아 있다.
 '화면에서는 서부에서 가장 재빠른 두꺼비 이야기를 담은 만화 영화가 한창이다. 나도 차라리 두꺼비가 되게 해 달라고 빌어 볼까?'
 프롤로그의 문장을 보며 마음속에 알 수 없는 울렁거림이 올라왔다. 한참 동안 이 문장에서 눈을 뗄 수 없었다.
 장 도미니크. 그는 한쪽 눈으로 세상을 바라봤지만 무한한 상상력으로 자유로웠고, 때때로 행복했다. 그의 상상은 단순한 도피가 아니었다. 이는 현실의 한계를 뛰어넘어 삶의 의미를 찾아가는 치유의 여정이 아니었을까? 상상 속에서 그는 먹고 마시고 노는 모습으로 자신을 살려냈다. 그리고 때때로 그 여정에 나를 초대했다.

❖❖❖
양말 한 짝에서 시작된 여정

 침대 모서리에 앉아 양말을 신으려는 순간, 허리에서 날카로운 통증이 일었다. 잠시 숨을 고르며 통증이 가라앉기를 기다렸다. 처음에는 일시적인 피로라 생각했지만 며칠이 지나도 나아지지 않아 결국 동네 재활 의학과를 찾았다.

 "간단한 치료부터 시작해 볼게요." 의사가 말했다.

 "효과가 없으면 단계적으로 접근해 봅시다."

 물리 치료와 도수 치료를 받았지만 별다른 호전이 없자 의사는 X-Ray 촬영을 권했다. 검은 필름 위에 나타난 내 허리뼈. 그중 하나가 살짝 튀어나와 있었다.

 "L4-L5 부위에 디스크 탈출이 있네요."

 20대 중반에 허리 디스크라니. 의외의 진단에 여러 병원을 찾아다녔다. 의사마다 다른 의견을 제시해 혼란스러웠지만 신중히 검토한 끝에 신경 차단술을 받았다.

시술은 생각보다 간단했다. 형광 투시기를 보며 정확한 위치에 약물을 주입하는 과정은 불편했지만 끝나고 나니 통증이 눈에 띄게 줄어들었다. 일상으로 돌아갈 수 있다는 기대가 생겼다. 하지만 통증이 사라진 후 한동안은 조심스러웠다. '너무 많이 움직이면 다시 아플까?' 하는 걱정 때문이다. 하지만 방 안에만 있는 것이 답답했다. 한 번뿐인 20대를 아프다는 이유로 제한하고 싶지 않았다.

시간이 흘러 30대가 가까워지면서 가끔 허리가 찌릿하다는 신호를 보내왔다. 내 몸이 보내는 작은 경고에 귀 기울이며 타협점을 찾아갔다. 완전히 활동을 멈추지도, 무리하게 움직이지도 않는 중간 지대를 만들면서 말이다.

내 삶은 '평범함'과는 조금 다른 길을 걸어왔다. 검정고시를 치르고, 방송대를 졸업했다. 마비와 떨림으로 정신과 치료를 받으며 일상을 보낸다. 남들에게는 당연한 직장 생활이 나에게는 쉽지 않은 도전이다.

카페에 앉아 창밖을 바라보면 사람들이 바쁘게 오가는 모습이 보인다. 친구들과 웃으며 대화하고, 노트북으로 일을 하고, 커피를 마시는 평범한 일상. 가끔은 그런 일상이 부럽다. 하지만 내게도 나만의 일상이 있다. '아웃사이더'라는 단어가 나쁘게 들리지만은 않은 건 조금 다른 시선으로 세상을 볼 수 있는 기회이기 때문이다.

살다 보면 '보통'과 '평범함'이 복잡한 개념이라는 걸 깨닫게 된다. 누구나 자신만의 방식으로 평범함과 특별함 사이에서 균형을 찾아간다. 때로는 소속감을 느끼지 못해 외롭기도 하지만 그것이 나만의 이야기를 만들어 가는 과정이기도 하다. 아침에 양말을 신을 때면 가끔 생각한다. 누군가에게는 단순한 일상이 내게는 작은 성취가 되기도 한다는 것을. 그리고 그런 작은 성취들이 모여 하루를 이루고, 또 삶을 이루어 간다. 사람은 누구나 각자의 방식으로 삶의 경계선을 걷고 있는지도 모른다. 완전히 여기에도, 저기에도 속하지 않는 어딘가에서. 그것이 불편할 때도 있지만 그 경계에서만 볼 수 있는 풍경이 있다.

현실을 있는 그대로 바라보며 나에게 맞는 길을 찾아가는 것. 그것이 중요하다는 걸 배워가고 있다. 비록 그 속도가 남들과 다르더라도, 나만의 리듬으로 걸어가는 여정에도 충분한 의미가 있다는 걸 잊지 말자. 매일 아침, 양말을 신으며 하루를 시작한다. 평범한 일상 속에서 작은 기쁨을 찾아가며 평범함의 경계에서 살아간다는 것, 그것 또한 삶의 또 다른 모습이 아닐까?

❖❖❖
휠체어에서 세상 바라보기

주변 눈치를 보지 않고 사는 주택을 좋아한다. 그러나 계단으로 인해 몸이 불편할 때 나갈 수 없다는 치명적인 단점이 있다. 아파트는 정돈된 환경과 관리되는 시설이 편하지만, 층간 소음 걱정으로 움직임과 소리에 예민해지는 불편함이 있다. 그래도 엘리베이터 덕분에 휠체어를 타고 밖으로 나갈 수 있어 행복하다.

오전 10시, 봄볕이 창문으로 쏟아지는 오전. 반짝이는 햇살이 바깥세상으로 초대하는 듯하다. 오늘은 집 근처 카페에 다녀오기로 했다.

현관문을 열고 복도로 나오니 이웃집 할머니와 마주친다. 눈인사를 나누는 그 짧은 순간에도 할머니의 시선이 내 휠체어에 잠시 머무는 것이 느껴진다. 복도를 지나 엘리베이터 앞에 도착했다. 버튼을 누를 높이가 딱 맞아 다행이다. 엘리베이터가 올라오는 동안 창밖으로 보이는 단지 내 벚꽃이 바람에 흩날린다.

"띵" 소리와 함께 문이 열리고, 아빠가 휠체어를 밀어 엘리베이터로 들어간다. 좁은 공간에 혼자 있을 때는 괜찮지만, 사람이 많을 때는 휠체어가 차지하는 공간이 부담스럽다. 1층을 누르고 내려가는 동안 거울에 비친 나의 모습이 낯설게 느껴진다.

"어이쿠, 엉덩이야."

1층에 도착해 로비를 지나는 순간 방화벽을 위해 만들어진 공간의 턱에 휠체어가 부딪친다. 아무리 작은 턱이라도 휠체어에게는 커다란 장애물이다. 미끄럼 방지를 위해 설치된 울퉁불퉁한 바닥은 안전을 위한 것이지만 휠체어가 밀리지 않아 불편하다. 아빠의 힘찬 팔의 도움이 없다면 아파트를 나가는 것조차 쉽지 않다.

로비의 공기는 약간 차갑고 소독약 냄새가 난다. 경비실 앞을 지나는데, 경비 아저씨가 반갑게 인사한다.

"오늘은 밖에 나가시나 봐요. 날씨 참 좋네요."
"네, 카페에 다녀올 예정이에요."
"거기 가는 길이 좀 울퉁불퉁해요. 조심히 다녀오세요."
경비아저씨의 친절한 조언이 고맙다. 평소라면 듣지 못했을 정보다.

아파트 출입구는 차량을 위해 설계되어 있어서 휠체어가 지나가기엔 의외로 수월하다. 하지만 곧 인도로 올라가야 하는 첫 번째 도전을 맞닥뜨린다.

차도와 인도 사이의 낮은 경사로를 찾아 올라가는데, 휠체어 끌리는 소리가 사람들의 시선을 끌어모은다. 부끄러움이 밀려오지만 곧 이런 시선도 익숙해질 거라고 스스로를 위로한다.

"여기 경사로가 가파르네. 내가 좀 더 힘을 줄게."
아빠의 말에 고개를 끄덕이며 손잡이를 꽉 잡는다.

인도에 올라서니 새로운 세계가 펼쳐진다. 인도는 보도블록으로 이루어져 있는데, 블록 사이의 틈새마다 휠체어가 덜컹거린다. 평평해 보이던 길이 휠체어 위에서는 전혀 다르게 느껴진다.

봄바람이 불어와 벚꽃 잎이 휠체어 위로 살포시 내려앉는다. 걸을 때는 몰랐던 작은 아름다움이다. 하지만 곧 엉덩이로 전해지는 진동이 감상에 빠질 여유를 앗아간다.

앞에는 꽃가게가 있고, 꽃향기가 코끝을 간질인다. 꽃가게 주인이 나를 보며 미소 짓는다. 그런데 꽃가게 앞은 화분들로 인해 길이 좁아져 있다. 아빠는 조심스럽게 휠체어를 돌려 지나간다.

"휠체어 타고 다니기 불편하시죠? 다음부터는 화분을 안쪽으로 더 들여놓을게요."

꽃가게 주인의 배려에 감사 인사를 건넨다. 작은 변화가 큰 차이를 만든다는 걸 알아주는 사람이 있어 마음이 따뜻해진다.

카페로 가기 위해서는 큰 도로를 건너야 한다. 횡단보도 앞에 도착하니 초록불이 깜빡이기 시작한다.

"서두르세요! 신호 바뀌어요!"

지나가던 아주머니의 다급한 외침이 들린다. 하지만 휠체어로는 서두를 수 없다. 횡단보도로 내려가는 경사로에 접근하는데 경사가 생각보다 가파르다. 아빠가 조심스럽게 내려가려고 하는 순간 신호가 빨간불로 바뀐다.

"괜찮아요, 기다리면 되죠."

내 말에 아빠가 안심한 듯 미소 짓는다. 기다리는 동안 주변을 둘러본다. 횡단보도 앞에 모인 사람들, 바쁘게 지나가는 차들, 그리고 멀리서 들려오는 공사 소리. 걸을 때는 그저 지나치던 일상의 풍경들이 이제는 더 또렷하게 느껴진다.

다시 초록불이 켜지고, 이번에는 여유 있게 건넌다. 도로 중앙에 있는 턱이 휠체어를 흔들어 놓지만, 이제는 예상하고 있었기에 단단히 잡을 수 있다. 건너편에 도착해서 올라가는 경사로를 만났을 때, 지나가던 청년이 말없이 다가와 아빠를 도와준다.

"감사합니다."

"천만에요. 좋은 하루 되세요."

짧은 만남이지만 마음에 남는다. 모든 사람이 무관심한 것은 아니라는 생각에 힘이 난다.

카페가 보이기 시작한다. 맛있는 커피와 케이크를 생각하니 기분이 좋아진다. 그런데 카페 앞에 도착하니 작은 계단

두 개가 있다. 경사로는 보이지 않는다.

"음. 이건 좀 힘들겠는데."

아빠의 말에 실망감이 밀려온다. 카페 안에서 직원이 우리를 발견하고 뛰어나온다.

"저희 뒷문으로 들어오시면 돼요. 경사로가 있어요."

직원을 따라 카페 옆길로 돌아가니 정말 작은 경사로가 있다. 직원이 문을 활짝 열어 주고, 우리는 무사히 카페 안으로 들어갈 수 있었다.

"요즘 리모델링 준비 중인데, 다음 달부터는 정문에도 경사로를 설치할 예정이에요."

직원의 말에 반가움이 밀려온다. 세상이 조금씩 변하고 있다는 희망이 생긴다.

카페 안은 따뜻하고 커피 향이 가득하다. 테이블 간격이 넓어 휠체어가 지나다니기 편하다. 창가 자리에 앉으니 밖의 풍경이 한눈에 들어온다. 밖에서 볼 때와는 또 다른 시각이다.

"주문하시겠어요?"

"아메리카노 두 잔이요. 그리고 치즈케이크도요."

커피와 케이크가 나오고, 창밖 사람들의 발걸음을 바라본다. 모두가 각자의 속도로 걷고 있다. 빠른 사람, 느린 사람, 그리고 내가 있다. 이전에는 빠르게 걷던 나였지만, 지금은 다른 속도로 세상을 경험하고 있다.

카페에서 시간을 보내고 집으로 돌아가는 오후 4시, 해가 서서히 기울기 시작했다. 아침과는 달리 인도는 퇴근하는 사람들로 붐빈다. 휠체어로 지나가기가 더 어려워졌다.
"잠시만요, 지나갑니다."
아빠의 말에 사람들이 길을 비켜 준다. 대부분 배려해 주지만, 간혹 너무 바쁜 발걸음에 우리를 미처 보지 못하는 사람도 있다. 귀갓길의 햇살은 부드럽고, 그림자는 길어졌다. 아침에는 보지 못했던 새로운 풍경이 눈에 들어온다. 인도 벽에 그려진 벽화, 가로등 밑에서 놀고 있는 아이들, 저녁 준비를 위해 마트로 향하는 사람들.
횡단보도를 건너는데, 이번에는 신호등이 더 빨리 바뀌는 것 같다. 저녁 시간대라 그런 것일까? 아빠의 숨소리가 조금 거칠어진다. 휠체어를 밀며 꽤 체력을 소모했을 것이다.
"아빠, 잠시 쉬었다 가요."

"아니야, 괜찮아. 집이 가까우니까."

그래도 벤치가 보이는 곳에서 잠시 멈춘다. 아빠가 땀을 닦는 동안, 지나가던 할아버지가 다가온다.

"젊은이, 참 대단하네. 아버지 노릇 잘하고 있어."

할아버지의 격려에 아빠가 쑥스러운 듯 웃는다. 나도 따라 웃지만, 마음 한편이 무거워진다. 내가 아빠에게 짐이 되는 건 아닐까?

아파트 단지에 도착했다. 낮과 달리 가로등이 밝게 빛나고 있다. 아파트 정문을 통과하니 저녁 산책을 나온 이웃들이 보인다. 휠체어를 밀고 가는 아빠의 모습이 멋져 보이지만 동시에 미안함이 밀려온다. 엘리베이터 앞에 도착하니 아침에 만났던 할머니가 또 계신다. 이번에는 말을 건네신다.

"오늘 나들이 다녀오셨나 봐요. 어디 다녀오셨어요?"

"근처 카페에 다녀왔어요."

"좋으셨겠네요. 날씨도 좋았고."

할머니와의 짧은 대화가 일상으로 돌아온 느낌을 준다. 엘리베이터를 타고 올라가는 동안 아빠의 피곤한 숨소리가 들린다. 하루 종일 휠체어를 밀고 다니며 얼마나 힘들었을까.

집 앞에 도착해 문을 열고 들어가니 엄마가 반갑게 맞이한다.

"어땠어? 밖에 나가니까 기분이 좋았니?"

"생각보다 힘들었지만 좋았어."

휠체어에서 내려 소파에 앉는 순간 몸의 긴장이 풀린다. 아빠는 피곤한 듯 잠시 눈을 감는다. 엄마가 따뜻한 차를 내오며 물어본다.

"다음에 또 나갈 거야?"

"응. 다음에는 다른 길로 가 보고 싶어."

카페에서의 경험, 그리고 오늘 만난 사람들이 내 마음에 새로운 시선을 열어 주었다. 겪어 보지 않으면 그 상황을 이해할 수 없다는 말이 이제야 이해된다. 예전에는 전동 휠체어를 타고 다니는 어르신들을 볼 때 그저 '몸이 불편하시구나.', '다니는 길이 쉽지 않겠어.'라고만 생각했다. 딱 거기까지였다. 하지만 이제는 다르다. 예전에는 신경 쓰지 않고 관심 없었던 것들에 시선이 간다. 걸음이 불편한 사람을 만나면 알 수 없는 동질감이 느껴진다.

'그 사람이 가는 길이 힘들지 않았으면 좋겠다.'

그렇게 생각하다가 뒤뚱거리는 내 모습에 피식 웃게 된다.

'조심히 걸어가요. 우리 힘내요.'

마음속으로 외치며 조심스레 한 발을 내디딘다.

이제는 바닥을 보게 되었다. 벽돌로 만들어진 길은 걷기 힘들고, 아스팔트는 그나마 수월하다. 가장 편한 길은 대리석 길이다. 폭신한 운동장 바닥도 좋다. 이런 것들을 알게 된 것이 내 삶의 작은 변화다.

휠체어를 타고 가는 길은 혼자 걸을 때보다 몸은 편하지만, 마음의 여유는 사라진다. 갈 수 있는 길이 제한되어 바닥만 보기에 바쁘고, 하늘을 쳐다볼 여유가 없다. 하지만 가끔은 멈춰 서서 하늘을 올려다보는 시간을 가져야겠다. 산책을 하며 지나친 꽃과 나무, 심지어 잡초까지도 내게 손짓하는 것 같다. '어차피 오래 걸리는 거, 잠시 쉬었다 가면 어떠리. 힘든 여정에 함께해 줘서 고마워.' 그들의 위로에 또 다른 힘을 얻는다.

아파트를 좋아하지 않지만, 이제는 이곳이 내게 외출의 자유를 주는 소중한 공간이 되었다. 어떤 환경에서든 나만의 시선으로 세상을 바라보는 법을 배워가고 있다.

♦♦♦
지우지 못할 말들의 흔적

 스마트폰 알림음이 울리며, 오픈채팅방에서 메시지가 쏟아진다.
 '우리 팀 대리는 또 일을 미루네. 결국 내가 다 뒤집어쓰게 생겼어.'
 '나도 마찬가지야. 우리 부장님은 퇴근 직전에 일을 던져주시는 재주가 있으시지.'
 채팅창에 웃는 이모티콘이 연달아 올라왔다. 직장 생활의 애환을 나누는 친구들의 모습이 생생하게 그려졌다. 나는 미소를 지으며 화면을 바라본다. 직장 생활을 하지 않는 나는 대화에 끼지 못하고, 스크롤만 내렸다. 하지만 친구들의 이야기를 통해 사회생활을 간접적으로 경험하는 것이 나쁘지 않다. 그러다 갑자기 뉴스 링크 하나가 채팅방에 올라왔다.

"강남역 인근 아파트에서 20대 여성 살해 사건. 용의자 '평소 여성에 대한 혐오감 있었다' 진술."

순식간에 대화의 분위기가 바뀌었다.

'어떻게 사람이 저럴 수가 있지? 피해자는 그냥 집에 가던 중이었대.'

'또 묻지 마 범죄야? 정말 무서워서 밤에 돌아다닐 수가 없네.'

'용의자 사진 봤어? 관상부터가 이상해. 눈빛이 공허해.'

메시지를 읽으며 나도 모르게 얼굴이 굳어졌다. 보통은 이런 뉴스에 친구들이 한두 마디하고 다른 이야기로 넘어가는데 그날은 대화가 더 깊게 이어졌다. 기사를 읽어 봤다는 친구의 말로는 용의자는 정신과 치료 이력이 있다고 했다. 화면을 응시하던 내 손가락이 갑자기 멈췄다. 다음 메시지들이 빠르게 올라오기 시작했다.

'정신병자라서 그런 거지. 무슨 말이 필요해?'

'이런 사람들 사회에 풀어놓으면 안 된다니까. 정신 병원에 강제 입원시켜야 해.'

심장이 빠르게 뛰기 시작하더니 손바닥에 식은땀이 맺혔다. 메시지가 올라올 때마다 가슴이 철렁해졌다. 스마트폰을 내려놓고 싶었지만 손가락은 계속해서 스크롤을 내렸다.

'정신과에서 치료받고 있다는 말은 절대로 하면 안 돼.'

이런 생각이 머릿속을 스쳐 지나갔다. 표정이 굳어지고, 입술을 깨물었다.

친구들 가운데 누구도 내가 정신과 치료를 받고 있다는 사실을 모른다. 내가 아픈지 오래되었고, 스트레스를 받거나 피곤하면 몸에 마비가 오기 때문에 일을 못 한다고만 알고 있다.

3개월 전, A가 요즘 왜 통 안 보이냐며, 무슨 일이 있냐며 물었을 때 나는 애매하게 대답했다. 몸이 좀 안 좋은데 의사도 정확한 이유를 모른다고. 검사해도 별다른 게 안 나온다고. 그러자 A는 더는 묻지 않았다. 그 배려가 고마웠다. 신경과에서 여러 검사를 받았지만 아무런 이상이 없어 결국 정신과로 넘어간 과정을, 전환 장애 진단을 받은 사실을 털어놓지는 않았다.

채팅방의 대화는 계속되었다.

'이번에도 약 안 먹고 증상 악화된 거래. 약만 제대로 먹어도 이런 일 없었을 텐데.'

'그래도 정신병 있다고 다 범죄자는 아니잖아. 그건 좀.'

'아니, 위험한 건 사실이잖아. 통계 봐봐. 정신병자들이 얼마나 많은 범죄를.'

중간에 끼어든 한 명의 목소리가 묻혔다. 대화는 이미 정신질환자에 대한 두려움과 혐오로 물들어 가고 있었다. 가슴 한쪽이 무겁게 가라앉았다. 채팅방에 올라오는 메시지 하나하나가 나를 향한 것처럼 느껴졌다. 아무 말도 할 수 없었다. 그저 화면만 바라보았다. 무심코 던진 말 한마디가 나를 죄인으로 만드는 것 같았다.

이틀 후, 채팅방에 새로운 이야기가 올라왔다. 인기 아이돌 멤버의 자살 소식. 또다시 분위기가 술렁거렸다. 스물여섯에 생을 마감한 연예인은 SNS에서 악성 댓글로 고통을 받았다며, 무책임한 폭언을 일삼는 사람들을 싹 다 잡아들여야 한다는 말이 한참 오갔다. 그러다 대화가 다시 돌아갔다.

'우울증이 있었다고 해도 그렇게까지 할 필요가 있었을까.'

'의지가 약했던 거 아닐까?' 하며 정신적 자약함을 문제 삼는 쪽으로 흘러갔다.

'운동도 하고 긍정적으로 생각하면 우울증 같은 건 사라져.'

'힘들 때 매일 달리기 시작하니까 마음이 달라지더라.' 하는 내용이 이어졌다.

심리학을 공부한다는 B가 메시지를 올렸다.

'결국은 의지 문제야. 연예인이면 돈이 많아 최고의 치료를 받았을 거야. 그런데 정신력이 약한 거지. 열심히 살려고 하는 사람은 극단적인 선택 안 해.'

스마트폰을 내려놓고 창밖을 바라보았다. 비가 내리기 시작했다. 창문에 빗방울이 맺히며 흘러내렸다. 그 모습이 내 마음과 닮았다.

그날도 나는 약을 먹었다. 로라반정, 라믹탈정, 환인클로나제팜정. 의사의 지시를 철저히 따랐다. 할 수 있는 모든 노력을 다했다. 하지만 어느 날 갑자기 증상이 악화되어 침대에서 일어날 수 없을 때가 있다. 전날은 괜찮았는데, 그날은 손가락 하나 움직이기 힘들다. 이것이 의지 문제일까? 노력이 부족해서인가? B가 말한 것처럼 '의지'만 있으면 나아질 수 있을까? 그렇다면 나는 얼마나 더 의지를 가져야 할까? 약을 더 먹어야 할까? 더 많이 운동해야 할까? 어느 정도가 '충분한 노력'일까?

며칠 후, 채팅방에 새로운 대화가 오간다. 이번에는 가벼운 주제였다. 맛집 추천, 영화 리뷰, 주말 계획. 몸 상태가 나아진 나는 조심스럽게 메시지를 하나 보냈다.

'다음 주에 시간 괜찮으면 같이 영화 보러 갈래?'

순식간에 답장이 왔다.

'좋아! 나도 영화 보고 싶었어!'

'나도 갈게!'

'장소랑 시간 정해서 알려 줘.'

미소가 지어졌다. 이것이 내가 이 채팅방을 떠나지 못하는 이유다. 평범한 일상의 대화들, 소소한 공유의 순간들. 그저 바라는 것은 우리가 나누는 말에 조금 더 주의를 기울이는 것이다. 무심코 던진 말 한마디가 누군가에게는 깊은 상처가 될 수 있다는 것을 알아주었으면 한다. 정신과 치료를 받는다는 것이 범죄자와 동일시되지 않는 세상. 마음의 아픔도 몸의 아픔만큼 존중받는 세상을 꿈꾼다. 비가 그치고, 창밖으로 햇살이 비쳤다. 그날은 조금 나아진 것 같았다. 내일은 더 나아질지도 모른다고 생각했다. 하루하루가 다르듯이.

✦✦✦
위로가 되는 삶을 위해

창밖은 어둑해지고 있는데, 나는 여전히 침대에 누워 있다. 이런 날이 점점 많아진다. 모든 것이 허무하게 느껴질 때마다 몸은 이불 속으로 파고들고, 마음은 끝없는 질문들에 휩싸인다.

'왜 이렇게 사나. 이렇게 살다 죽는 건가. 살 이유가 있을까.'

방금 전까지 오픈채팅방에서 친구들과 웃으며 대화를 나눴는데, 채팅창을 닫는 순간 마음 한구석이 여지없이 무너진다. 아무것도 하기 싫고, 숨 쉬는 것조차 버거운 날들이 이어진다. 어느새 스마트폰은 내 손에서 떨어질 줄 모른다.

현실에서 도망치는 작은 창문 같은 존재. 손가락은 무의식적으로 화면을 위아래로 스크롤하고, 눈은 스쳐 지나가는 이미지들을 흐릿하게 좇는다. 할 것도 없는데 왜 그렇게 화면에서 눈을 떼지 못하는 건지. 그저 현실의 무게를 잠시라도 잊고 싶은 마음뿐일까.

무감각하게 유튜브 세상을 떠돌던 어느 날이었다. 알고리즘이 추천한 의외의 영상이 내 시선을 사로잡았다.
'채널명이 삐루빼로?'
20대의 여성이 운영하는 채널. 그녀는 루게릭병을 앓고 있다고 한다. 단순한 호기심에 영상을 클릭했다. 그 순간, 내가 몰랐던 새로운 세계가 펼쳐졌다.

그녀는 어느 날부터 손목 이상과 근육이 튀는 듯한 느낌을 받아 동네 정형외과를 찾았고, 의사에게 대학 병원에 가 보라고 권유받았다고 한다. 시간이 지날수록 오른손을 사용하는 것이 힘들었고, 말이 점점 어눌해졌다. 여러 검사 후 병원에서 근위축성측색경화증(루게릭병)이라는 최종 진단이 내려졌다.

화면 속에서 그녀는 차분하게 설명했다. 루게릭병은 운동 신경 세포만 선택적으로 사멸하는 질환으로 운동 신경 세포 전체가 점차적으로 파괴되는 특징을 보인다고. 사지 위축을 시작으로 병이 진행되면서 결국 호흡근 마비로 수년 내에 사망에 이르게 되는 치명적인 병이라고 말이다.

그녀는 손가락을 움직이는 것조차 쉽지 않은 상태인데도 영상을 직접 찍고 편집하는 모습을 보여준다. 생머리에 오밀조밀한 이목구비, 미소가 사랑스러운 그녀는 자신의 병을 숨기지 않고 일상을 있는 그대로 보여주며 소소한 행복에 감사해한다. 한 영상에서 그녀는 창밖으로 바람에 굴러가는 낙엽을 보며 환하게 웃었다. 그 웃음소리에 나도 모르게 입가에 미소가 번졌다.

가장 기억에 남는 영상은 '내가 강철 멘탈이 될 수밖에 없는 가정 환경'이라는 쇼츠다.

그녀가 말했다.

"너무 속상해서 빵을 사 왔어요."

그러자 할머니께서 대답하셨다.

"빵이 너를 달래 주디?"

그 말에 그녀는 웃음을 터뜨렸고, 나도 모르게 함께 웃었다. 이렇게 함박웃음을 지으며 웃어 보는 게 얼마 만인가. 오랫동안 그늘이 지고 얼어붙은 마음에 훈풍이 도는 듯했다.

  다른 영상에서 그녀는 혼자서 밥을 먹을 수 없어 엄마의 도움을 받거나, 어떻게든 스스로 포크를 사용하려 애쓰는 모습을 가감 없이 보여준다. 삐루빼로는 특별한 무언가를 보여주려 하지 않았다. 그저 일상 속 가족과의 이야기를 있는 그대로 담아냈다. 영상 제목에도 힘들면 힘들다고, 속상하면 속상하다고 솔직하게 적었다. 한번은 그녀가 손뜨개질로 목도리를 만드는 영상을 보게 되었다. 루게릭병으로 손 조절이 어려워진 상태에서 한 코 한 코 뜨개질을 해 나가는 모습을 지켜보던 나는 아무 말도 할 수 없었다.
"오우 잘하고 있어."
그녀는 자기 자신을 응원하더니 찡끗 웃으며 말했다.
"할머니가 몇 달 걸릴 것 같대."
화면을 볼수록 목이 메었다.
'내가 누워만 있을 때, 이 사람은 이런 고통 속에서도 끊임없이 노력하고 있구나.'
그녀의 손가락이 떨리는 모습, 한 코를 뜨기 위해 여러 번 시도하는 모습에서 삶에 대한 의지가 느껴졌다. 나는 침대에서 일어나 앉았다.

 가장 마음을 울린 것은 그녀가 엄마와 함께 백화점을 구경하다 구독자를 만난 이야기다. 구독자가 "영상 잘 보고 있어요."라고 말하자, 말이 편하게 나오지 않는 그녀는 천천히 "감사합니다."라고 인사했다. 그러자 구독자의 눈에 눈물이 그렁그렁해졌다. 그 구독자는 자신이 우울증을 심하게 앓고 있는데 삐루빼로의 영상을 보며 위로를 받는다고 했다. 당황한 그녀는 구독자의 손을 따뜻하게 잡아 주었고, 집에 돌아와 그 경험을 이야기하며 눈물을 흘렸다.
"내가 지금 사는 게 좀 무의미하다고 한 적 있잖아. 그 생각이 요즘 좀 많이 들었거든. 나는 지금 누구 도움 없이는 아무것도 못 하잖아. 그래서 되게 쓸모없는 사람이라 생각을 많이 했는데 누가 나를 보고 위로를 받았다고 하니깐 나는 쓸모없는 사람이 아니구나…."
 그녀의 목소리가 떨렸다.
"유튜브를 하며 내가 위로받고 있는 거야."
 그 말에 내 눈에서도 눈물이 흘렀다.

내가 의미 없다고 느꼈던 삶이, 누군가에게는 위로가 될 수 있구나.

나는 그동안 솔직하지 못하고, 약함을 숨기기에 바빴다. 왜 당당하게 살아가지 못했을까? 문득 대학 시절 친한 언니와의 대화가 선명하게 떠올랐다.

"신경과에서 치료받고 있는 거지?"

"네."

"신경과만 가지 말고, 혹시 모르니까 정신과도 가 봐. 아플수록 이곳저곳 다 가봐야 해."

그 순간 약점이 드러나는 것 같아 숨기고 싶었다. 언니가 내 속마음을 알아챈 것만 같아서 나도 모르게 거짓말을 했다.

"신경과가 맞대요."

그날 밤, 뻬루뻬로의 영상을 보며 침대에 앉아 생각했다. 만약 그때 내가 솔직했다면, 언니에게 내 마음속 두려움과 불안을 있는 그대로 말했다면 지금은 어땠을까? 아마도 더 일찍 도움을 받고, 더 당당하게 살아갈 수 있지 않았을까? 화면 속 그녀처럼 자신의 아픔을 가감 없이 보여주고, 그 속에서도 웃음을 잃지 않는 모습. 자신의 한계를 인정하면서도 할 수 있는 것에 감사하는 모습. 그것이 진정한 용기이자 삶의 의미가 아닐까.

  침대에서 일어나 창문을 열었다. 바람에 흔들리는 나뭇잎들이 보였다. 삐루빼로가 웃었던 것처럼 나도 그 모습에 미소 지었다. 오늘부터 조금씩, 솔직하게 살아 보기로 했다. 내가 나에게 그리고 누군가에게 위로가 되는 삶을 위해.

하얀 구름을
품에 안고 싶었던 날들

첫눈처럼 하얀 포메라니안이 내게 달려오는 꿈을 꾼다. 꿈속에서는 언제나 내 품에 쏙 안기는 아이. 하지만 눈을 뜨면 빈 이불뿐이다.

초등학교 6학년, 친구네 집에서 만난 포메라니안은 한순간에 사랑에 빠지게 만들었다. 그 모습이 너무 사랑스러워 가슴이 아플 정도였다.

"엄마, 나 강아지 키우고 싶어요."

"안 돼. 털 날려서 심란해. 집도 좁아서 강아지랑 함께 지내기 어려워."

엄마의 말이 맞다. 30평이 넘는 집이지만 할머니, 부모님, 그리고 세 자매가 함께 살다 보니 각자의 공간조차 없었다. 내 방도 없는데 어떻게 강아지 방이 있을 수 있을까. 꼬

맹이 동생들은 무서워서 훌쩍이기까지 했다.

"언니, 강아지는 예쁘지만 다가오면 무서워. 으르렁거리고, 물어 버리면 어떻게 해."

그날 밤, 나는 하얀 포메라니안과 초원을 뛰어다니는 꿈을 꾸었다. 몽글몽글한 털을 쓰다듬는 느낌이 너무 생생해서 깨어났을 때 손끝이 아릿했다. 어른이 되면 뭐든 할 수 있을 거라고, 그때는 꼭 하얀 포메라니안을 품에 안을 수 있을 거라고 다짐했다.

어른이 된 나는 오늘도 힘겹게 병원에 다녀오는 길이다. 무거운 발걸음은 길가의 분양 샵 앞에 멈춰 섰다. 유리창 너머로 하얀 포메라니안 새끼가 나를 바라본다. 마치 '나를 데려가 줘.' 하고 말하는 것 같은 까만 눈동자.

손을 유리에 갖다 대자, 강아지도 앞발을 들어 내 손가락 위치에 맞춘다. 유리 하나를 사이에 두고 우리의 체온이 만나는 듯한 느낌이 들었다.

'이 아이와 함께 살 수 있다면 뭐든 할 수 있을 텐데.'

강아지의 보호자가 된다는 건 단순히 좋아하는 것과는 다르다. 가슴으로 낳아 지갑으로 키운다는 말이 있다. 하루에 한두 번 산책을 하고, 끼니를 챙기며 목욕을 시켜야 한다. 아프면 병원에 데려가야 하고, 1년에 한 번씩 예방 접종을 해야 한다. 한 달에 한 번 심장 사상충 약을 하는 것은 필수다. 보통의 책임감으로는 감당할 수 없는 부분이다. 그런데 하얀 포메라니안에 대한 마음은 점점 커져만 갔다. 어쩌면 나는 내 삶에 따뜻한 온기를 더해줄 존재를 갈망하는 것인지도 모르겠다. 누군가를 아끼고 사랑하는 일이 내 품을 넓히고, 내 마음을 넉넉하게 만들어 줄 테니까.

분양 샵 유리창 너머의 포메라니안이 하품을 하며 몸을 둥글게 말고 누웠다. 그 모습이 마치 하얀 구름이 움직이는 것 같았다. 얼마나 바라봤을까. 포메라니안이 일어나더니 내게 다가와 꼬리를 흔들었다.

'기다려 줘. 언젠가 꼭 만나자.'

나는 마음속으로 약속하며 발걸음을 돌렸다. 오늘은 아니더라도, 언젠가 하얀 구름 같은 포메라니안을 품에 안을 날이 오리라 믿으며.

동반자를 맞이한다는 것

 부모님의 주름이 하나둘 늘어 가는 모습을 볼 때마다 가슴이 조여 왔다. 시간은 나만 두고 달려가지 않는다. 맏딸로서 부모님이 퇴직하기 전에 안정된 자리를 잡아야 한다는 압박감이 밤마다 나를 짓눌렀다.

 '어려움을 겪고 있지만 멋지게 살고 있습니다.'

 다른 사람에게, 특히 부모님께 보여주고 싶었던 모습이다.

 내게 멋진 삶이란 뚜렷했다. 휴학 없이 대학을 졸업하고, 임용 고시에 합격해 병설 유치원 선생님이 되는 것. 틈틈이 공부해 교육학 석사, 박사를 취득해 아이들에게 더 나은 선생님이 되는 것. 언젠가는 대학 강단에 서는 것. 하지만 이 모든 것은 한순간에 물거품이 되었다. 내 뜻대로 되지 않은 몸이 모든 꿈을 앗아갔다. 그러던 중 서울이라는 도시가 내게 신기루처럼 다가왔다. 서울은 기회의 땅. 무엇이든 가능한 곳이라고 믿었다. 사람들이 북적이는 만큼 일자리가 다양하고, 온오프믹스나 프립 같은 플랫폼을 통해 새로운 만남과 배움의 기회가 넘쳐난다.

고향 논산에서는 할 일도, 배울 것도 턱없이 부족하다. '말은 제주도로, 사람은 서울로 보내라.'는 말이 괜히 나온 게 아니다.

병원 침대에 누워 있는 동안 서울에서 하고 싶은 일들을 하나하나 체크리스트에 적어 내려갔다. 그리고 퇴원 후 무작정 서울행 기차에 올랐다. 일러스트레이터 학원에 등록했고, 통기타를 배웠다. 하지만 조금만 피곤하거나 스트레스를 받으면 몸은 다시 경직되었다. 손가락 하나 제대로 움직일 수 없는 몸으로는 배움을 이어갈 수 없다. 시작했던 모든 일이 중단되었고, 또다시 병원 침대에 누워야 했다. 그러다 퇴원하면 굶주린 하이에나처럼 할 수 있는 일을 찾아 헤맸지만 결론은 항상 같았다. 마블 영화 〈닥터 스트레인지〉 속 도르마무처럼 끝없이 반복되는 악몽에 결국 서울 생활을 포기할 수밖에 없었다.

서울 생활을 접고 논산으로 돌아왔을 때, 내 마음은 쪼그라들었다. 밤에는 잠이 오지 않아 새벽녘에야 잠들었고, 아무 일도 없는 날들이 이어지니 정오가 넘어서야 겨우 눈을 떴다. 제대로 된 식사는 사라지고, 컵라면과 과자가 식탁을 차지했다. 방바닥에 누워 유튜브만 보며 시간을 흘려보냈다. 숨 쉬는 것 외에는 움직이지 않았다. 나는 살아 있는 것이 아니라 그저 존재할 뿐이었다.

그러던 어느 날, 갑자기 어릴 적 친구네 집에서 본 강아지가 떠올랐다. 왜 그런 생각이 들었는지는 모르겠지만 강아지를 키우면 내 인생에 변화가 찾아올 거라는 강렬한 직감이 밀려왔다. 강아지는 혼자 살 수 없기에 누군가의 돌봄이 필요하다.

'내가 강아지에게 필요한 존재가 될 수 있을지도 몰라.'

생각만으로도 가슴이 풍선처럼 부풀었다. 몇 달째 바닥에 달라붙어 있던 나는 갑자기 벌떡 일어났다. 내 안에 오랫동안 숨어 있던 힘이 용솟음쳤다.

'자세한 것은 앞으로 준비하고, 공부하면 되니까 문제없어.'

죽어있던 용기도 되살아났다. 부모님은 생기 없던 내 눈동자가 강아지 이야기를 하며 갑자기 초롱초롱 빛나자 당황스러워하셨다.

사실 부모님은 강아지 털이 집 안에 날리는 것을 견디지 못하신다. 털이 먼지처럼 쌓이거나 구석구석 굴러다니는 모습을 상상하는 것만으로도 눈살을 찌푸리신다. 호흡기 건강도 염려한다. 하지만 몇 달 만에 생기를 되찾은 내 모습에 결국 허락하셨다.

모든 일이 빠르게 진행됐다. 하얗고 털이 풍성한 강아지를 꿈꿨던 나는 포메라니안을 일편단심으로 점찍어 두었다. 분양 샵을 찾기 전, 강아지에 대해 알아봤다. 포메라니안은 슬개골이 약해 수술 확률이 높다는 것을 알게 되었고, 수술비와 재활 비용을 꼼꼼히 계산했다. 부족한 돈은 이곳저곳 비상금을 긁어모았다. 예방 접종, 심장 사상충 약, 사료, 간식, 장난감, 배변 패드까지 모든 비용을 따져 봤다. 조금 더 절약하면 감당할 수 있다. 준비가 끝난 후, 두근거리는 마음을 달래며 서울의 분양 샵으로 향했다.

'생각했던 강아지와 다른 강아지를 데려오게 되었어요.'

인터넷에서 내가 강아지를 선택하는 게 아니라 강아지가

나를 선택한다고 했다. '간택'을 받기 위해 눈을 크게 뜨고 살펴보는데, 가게 입구에서 한 강아지가 시선을 사로잡았다. 쉴 새 없이 움직이는 그 작은 생명체에게서 눈을 뗄 수 없었다. 알 수 없는 이끌림에 시선이 계속 그에게 향했다. 그렇게 나는 '간택'당했고, 초롱이를 만나게 되었다.

첫날 밤, 초롱이는 낯선 환경에 떨면서도 호기심 가득한 눈으로 방 구석구석을 탐험했다. 조그만 코를 땅에 대고 킁킁거리며 냄새를 맡는 모습이 마치 세계적인 탐험가가 된 것 같았다. 그날 밤 초롱이는 침대 위에서 내 발치에 몸을 동그랗게 말고 누웠다. 그 작은 온기가 내 차가운 발을 데워주었다. 오랜만에 편안하게 잠든 나는 다음 날 아침 따스한 햇살이 창문을 통해 스며들 때에 눈을 떴다.

"초롱아, 일어날 시간이야."

내 목소리에 초롱이는 귀를 쫑긋 세우고 벌떡 일어났다. 그러고는 눈을 비비던 내 얼굴로 달려와 코끝으로 내 코를 톡톡 건드렸다. 차갑고 촉촉한 감촉에 저절로 웃음이 터져나왔다. 얼마나 오랜만에 아침에 웃어 본 것인지.

아침 산책은 새로운 세계를 발견하는 모험 같았다. 초롱이는 이파리 하나, 풀잎 하나에도 온몸을 떨며 기뻐했다. 바람에 흔들리는 나뭇잎을 쫓아 뛰어가다가 뒤돌아보며 내가 따라오는지 확인하는 모습이 사랑스러웠다. 초롱이가 나를 기다려 주는 그 순간들이 내게는 '네가 필요해.'라고 말하는 것 같았다.

집에 돌아와 초롱이에게 사료를 주면 그 작은 입으로 한 알 한 알 정성스럽게 먹었다. 그 모습을 보며 나도 오랜만에 제대로 된 아침 식사를 했다. 초롱이가 물그릇에 혀로 물을 핥는 소리는 음악처럼 들렸다. 찹, 찹, 찹. 그 소리를 듣고 있으면 마음이 평온해졌다. 오후에는 햇살이 따뜻한 거실 바닥에 함께 누워 있곤 했다. 초롱이는 내 배 위에 올라와 동그랗게 몸을 말고 잠들었다. 그 작은 몸에서 전해지는 온기와 심장 박동이 내 몸과 하나가 되는 듯했다. 가끔 꿈을 꾸는지 다리를 바르르 떨거나 작게 낑낑거리는 소리를 내면 나는 부드럽게 등을 쓰다듬어 주었다. 그러면 초롱이는 안심한 듯 더 깊은 잠에 빠져들었다.

장난감을 가지고 놀 때면 초롱이의 완전히 다른 모습을 볼 수 있다. 공을 던져 주면 눈을 반짝이며 쫓아가 물어 오는 모습은 마치 사냥꾼처럼 결연하다. 때로는 장난감을 물고 도망가 내가 쫓아오길 기다리다가 가까이 다가가면 꼬리를 흔들며 다시 도망쳤다. 그럴 때면 나도 모르게 까르르 웃음이 터져 나왔다. 오랜만에 느껴 보는 순수한 즐거움이었다.

비가 오는 날에는 창가에 나란히 앉아 빗방울이 창문을 타고 흘러내리는 모습을 바라보았다. 초롱이는 가끔 유리창에 비치는 빗방울 그림자를 잡으려고 앞발을 들어 올리곤 했다. 번번이 실패하는데도 포기하지 않는 그 모습에서 나는 삶의 작은 교훈을 배웠다.

목욕 시간은 우리 사이에 작은 전쟁과도 같았다. 물을 무서워하는 초롱이는 욕실 문이 열리는 소리만 들어도 침대 밑으로 숨어 버렸다. 결국 나는 초롱이를 꺼내기 위해 침대 밑으로 엎드려 들어가야 했다. 그곳에서 마주친 초롱이의 겁에 질린 눈동자와 움츠린 모습이 안쓰러워 "다음에 하자."며 타협하곤 하지만 언젠가는 해야 할 일. 결국 내가 이겨서 욕조에 들어간 초롱이는 온몸을 떨며 나를 원망스러운 눈으로 바라본다. 그 눈빛에 죄책감을 느끼면서도 샴푸를 부드럽게 발라 마사지해 주면 조금씩 긴장을 풀어 가는 모습이 고마웠다. 목욕이 끝나고 수건으로 감싸 안으면 온몸을 부르르 떨며 물기를 털어 내는 초롱이 때문에 나까지 흠뻑 젖곤 했다. 그런데도 웃음이 나왔다.

밤이 깊어지면, 초롱이는 내 베개 옆에 자리를 잡고 누웠다. 작은 숨소리가 방 안에 고요하게 울렸다. 가끔 꿈을 꾸는지 짧게 짖는 소리를 내기도 한다. 그런 밤이면 나는 초롱이의 작고 따뜻한 머리를 쓰다듬으며 속삭였다.

"고마워, 초롱아. 네가 있어서 나는 다시 살아가는 법을 배우고 있어."

초롱이와 함께하는 일상은 예전과 달랐다. 아침에 눈을 뜨는 순간부터 밤에 잠드는 순간까지, 초롱이는 내게 생명력을 불어넣었다. 강아지를 키운다는 단순한 행위가 아니라, 서로의 존재를 확인하며 함께 숨 쉬는 동반자가 생긴 것을 의미한다.

겨울이 지나고 봄이 왔을 때, 우리는 동네 벚꽃 길을 산책했다. 분홍빛 꽃잎이 바람에 휘날리는 가운데 초롱이는 떨어진 꽃잎을 코로 킁킁거리며 냄새를 맡았다. 그 모습을 보며 나는 문득 깨달았다. 초롱이는 내가 놓치고 있던 계절의 변화, 자연의 아름다움, 그리고 삶의 소소한 기쁨들을 다시 볼 수 있게 해주었다.

집사의 삶은 생각보다 훨씬 행복하다. 초롱이는 나를 통해 안전한 보금자리를 찾았고, 나는 초롱이를 통해 살아갈 이유를 찾았다. 어쩌면 내가 초롱이를 돌보는 게 아니라 초롱이가 내 삶을 돌보게 된 것인지도 모른다. 누군가를 아끼고 사랑한다는 것은 자신에게도 너그러워지는 일이다. 병들고 지친 나를 탓하기보다 초롱이에게 좋은 집사가 되기 위해 오늘도 한 걸음씩 나아간다. 그리고 우리는 서로의 삶에 작은 빛이 되어 함께 어둠을 건너고 있다.

가깝고도 먼
가족의 형태

"우리는 서로에게 깊은 상처를 남겼다. 비교와 판단, 존중의 부재가 만들어 낸 쓰라린 풍경이었다. 가족은 서로의 차이를 인정하고 받아들이는 공간이어야 하지 않을까? 각자의 아픔과 성장 과정을 이해하고 존중할 때, 진정한 가족의 의미를 찾을 수 있을 것이다. 비교하기보다는 있는 그대로 바라보는 시선이 필요하나, 그 안에서 서로의 고유함을 발견하고, 서로를 지지하는 힘을 배우는 게 진정한 가족의 모습일 것이다. 상처는 치유될 수 있다. 그리고 그 치유는 서로를 이해하려는 작은 노력에서 시작된다."

❖❖❖
아물지 않은 기억

  초등학교 6학년 때였다. 교실에 처음 들어간 날, 아는 얼굴이 한 명도 없어서 당황했던 기억이 난다. 5학년 때 친했던 친구들과 뿔뿔이 흩어졌고, 새로 친구를 사귀어야 했다. 다행히 마음이 통하는 친구를 사귀게 되어 외롭지 않았다.

  반에서 나는 손에 꼽을 정도로 키가 작았고, 나보다 더 키가 작은 아이와 짝꿍이 되었다. 그 아이는 나와 짝꿍이 되자마자 책상에 거리를 두었다. 한 뼘 이상 거리를 두고 앉았는데 담임은 아무 말도 하지 않았다. 그러더니 어느 날부터 내 물건을 빌리기 시작했다. '쓰고 금방 돌려주겠지.' 하지만 물건은 돌아오지 않았다. 아무 말도 못 하다가 용기를 내 언제 돌려줄 거냐고 물어봤더니 잃어버렸다면서 나 몰라라 했다. 그때부터 괴롭힘이 시작되었다. 그 아이는 나에게 돈을 요구했고, 일부러 다리를 뻗어 넘어지게 만들었다. 내가 지나가기만 하면 수군거리거나 비웃느라 바빴다. 숙제를 대신해 달라고 책상 위에 놓고 갔고, 안 해 놓으면 가만두지 않겠다고 협박을 했다.

"네가 왜 괴롭힘을 당하는지 알아? 그냥 마음에 안 들어서 그래. 눈엣가시 같아서 가만히 둘 수가 없어."

충격이었다. 그런 이유로 나를 괴롭히는 거라고는 상상도 못 했다. 점점 학교에 가기 싫어졌다. 방학이 언제 오나 오매불망 기다렸다. 오랜 고민 끝에 부모님께 말씀드렸고, 부모님은 곧바로 담임을 찾아갔다. 그런데 담임은 문제가 많은 사람이었다. 수업 시간에 19금 조폭 영화를 아무렇지 않게 보여줬고, 반에서 돈을 모아 모금함에 내야 할 때 돈을 많이 내는 학생에게 더 많은 돈을 내라고 강요했다. 그게 다가 아니었다. 수업 시간에 내가 글씨를 크게 쓴다며 중학교 갈 준비가 되어 있지 않다고 짜증을 냈고, 그로 인해 반에서 비웃음을 받았다. 주변에서 큰 소리로 웃었지만 담임은 아무런 조치를 취하지 않았다. 그래서 부모님이 담임을 만나게 되면 어떤 반응을 보일지 몰라 걱정이 이만저만이 아니었다.

슬프게도 나의 걱정은 현실이 되었다. 피해자인 내 이야기는 들어 볼 생각을 하지 않은 채 반장에게 학급 분위기가 어떤지 물어봤다. 나를 괴롭히던 패거리와 한패였던 반장은 아무 일도 없다면서 모든 것을 묻어 버렸다. 담임이라는 사람은 반장 말만 듣고 나를 이상한 애 취급했다. 성적도 보통이고, 눈에 띄지도 않는 애가 혼자 착각한다며 말이다.

부모님이 다녀간 다음 날 담임은 화를 내며 말했다.

"학교에서 문제가 발생하면 학급에서 문제를 해결할 생각을 해야지 부모님에게 이야기를 했어!"

나를 겨냥해 한 말이라는 걸 뻔히 아는 패거리는 비웃느라 정신이 없었고, 괴롭힘이 더 심해졌다. 나중에는 둘째(동생)를 찾아갔다.

"네 언니가 얼마나 못났는지 아냐?"면서 손가락으로 이마를 여러 번 쿡쿡 찔렀다고 한다. 선을 넘었다는 생각에 담임을 찾아갔다.

"저를 괴롭히는 애들이 제 동생도 괴롭히고 있어요."

"그래서 나보고 어쩌라는 거야? 네가 문제 있는 거를 나한테 떠넘기지 마." 하며 담임은 화를 냈다.

나는 주변에서 도움을 받을 수 없었다. 담임은 부모님께 아이들이 아무 문제가 없다고 하는데 나 혼자 난리를 친다고 일축했다. 부모님은 내 이야기는 들어 보려고 하지 않은 채 담임의 말만 듣고 내가 이상한 아이라고 단정을 지어 버렸다.

"네가 학교에서 어떻게 하고 다니길래 그러니?"

부모님에게마저 기댈 수 없다는 현실에 눈물이 앞을 가렸다. 외로웠다. 가족의 울타리 안에서 보호받지 못한다는 생각에 무서웠다. 더 무서운 것은 내 말을 믿지 않는 부모님의 모습이었다. 커다란 상처를 받았고, 떨어져 나간 끄나풀처럼 혼자 동떨어졌다는 생각에 슬펐다.

서른이 넘은 지금, 몸이 계속 아프다. 원인 모를 통증이 이어졌고, 병원을 전전했다. 그러다 문득 어린 시절의 기억이 떠올랐다. 누구에게도 보호받지 못했던 그 순간들. 아무도 내 말을 믿어 주지 않았던 그 시간들. 돌이켜 보면 나에게 아픔은 몸이 아니라 마음에서부터 왔다. 오래도록 묻어 두었던 상처가 내 몸에 스며들어 있었다. 누군가가 나를 믿지 않는다는 것, 자신의 진실이 부정당하는 경험은 어린 영

혼에게 깊은 상처를 남긴다. 그 상처는 자라서도 우리 몸 어딘가에 새겨진 채 남아 있다.

 누구나 자신의 목소리가 들려지기를 바란다. 누군가 내 말을 믿지 않을 때, 그 고통은 외로움을 넘어선다. 세상에 혼자 남겨진 것 같은 절망감. 자신의 존재 가치마저 의심하게 되는 깊은 상실감이 찾아온다. 내 진실이 부정당할 때, 마음의 성벽은 무너져 내리며 그 공허함은 오랜 시간이 지나도 쉽게 치유되지 않는다. 아이일 때는 더욱 그렇다. 어른들이 내민 손을 잡고 세상을 배워가는 시기에 그 손이 나를 외면할 때의 상처는 평생을 따라다닌다.

 어쩌면 우리는 누군가에게 믿어지고, 지지받기를 갈망하는 작은 존재인지도 모른다. 그리고 그 갈망이 채워지지 않을 때 마음은 소리 없이 울부짖는다. 아직 완전히 아물지 않은 기억이지만 이제는 그 기억과 함께 살아가는 법을 배우고 있다. 그리고 누군가의 작은 목소리에 귀 기울이는 사람이 되기 위해 노력한다. 모든 상처는 언젠가 누군가의 이해와 공감 속에서 조금씩 치유되어 가는 거니까.

♦♦♦
원하지 않은 선택

 기말고사를 마친 어느 날, 중학교 3학년 교실을 채웠던 것은 고등학교 진학에 관한 이야기였다. 내 책상 위에 성적표가 놓여 있다. 수학, 영어, 사회 과목에서 만점을 받았지만, 예체능 과목에서는 세 자리 등수를 보였다. 창밖으로 내리는 눈을 바라보며 수학 공식처럼 단순한 등식을 그려 봤다. '나의 성적 = 진학할 학교'

 "세아야, 우리 다 같이 ㅇㅇ고 지원하자. 거기 분위기 좋다던데."

 친구 A가 내 어깨를 툭 치며 말했다.

 "나도 그러고 싶어."

 그날 저녁, 식탁에 앉은 나는 용기를 내 입을 열었다.

 "아빠, 저 ㅇㅇ고 가고 싶어요. A랑 B도 같이 가기로 했어요."

　아빠의 숟가락이 공중에서 멈추고, 눈빛이 차갑게 변했다.

　"안 돼. 천주교 재단 학교로 가야 해. 거기가 공부 분위기가 더 좋아."

　가슴속에서 무언가 울컥 솟구쳤지만 목구멍까지 차오른 말들은 끝내 입 밖으로 나오지 못했다. 식탁 아래서 내 손끝이 떨렸다.

　"제 친구들은…."

　"친구는 또 사귀면 되지."

　단 한 문장으로 내 세계는 부서졌다. 친구들과 함께 그려 온 '고등학교 생활의 꿈'이 아빠의 단호한 목소리에 산산조각 났다. 입술을 깨물며 눈물을 참았다. '그래, 다 내 탓이야. 예체능 과목만 잘했어도….'

　천주교 재단 고등학교의 첫날, 교문을 들어서는 순간부터 나는 '부모님의 자식'이었다. 내 이름보다 부모님의 이름이 먼저였다.

　"박세아! 너 그분 따님이지? 어쩐지 눈이 똑같더라."

국어 선생님이 교실 한가운데서 나를 손가락으로 가리키며 말했다. 얼굴이 화끈거렸다. 옆자리 친구들의 시선이 날카로운 바늘처럼 내 피부를 찔렀다. 우물쭈물 고개를 끄덕이는 것 외에는 아무것도 할 수 없었다. 점심시간, 급식실에서 숟가락을 들려는 순간 누군가 내 어깨를 톡톡 쳤다.

"세아야, 잠깐 시간 있니? 교무실로 좀 와줄래?"

물리 선생님이었다. 그분도 부모님과 아는 사이였다. 친구들 앞에서 자리를 뜨며 느꼈다. 그들의 시선이 쏟아지는 것을. 그리고 낮게 속삭이는 목소리들.

"또 특별 대우네."

"아버지가 대단하신가 봐."

교무실로 가는 발걸음이 무거웠다. 심장은 빠르게 뛰었고, 손바닥에는 식은땀이 배었다. 선생님은 물리 문제집 세 권을 내밀었다.

"너희 아버지가 걱정하시더라. 이거 꼭 풀어 봐."

복도로 나오자 눈물이 왈칵 쏟아질 것 같았다. '나는 누구지? 부모님의 딸? 아니면 세아?' 정체성의 혼란 속에서 나는 점점 목소리를 잃어 갔다.

어느 날 종례 시간, 담임 선생님이 내 이름을 불렀다.

"박세아, 너 이번부터 종교부 활동한다. 수녀님이 특별히 선발했어."

교실이 조용해졌다. 내 심장 소리만이 귀를 울렸다.

"선생님, 저는…."

"수녀님 뜻이니까. 네가 모태 신앙이라고 들었어."

그날 밤, 베개를 껴안고 울었다. '내 인생의 어떤 결정도 내가 하지 못해.'

종교부 활동은 악몽이었다. 미사 시간에 전교생 앞에서 떨리는 목소리로 기도문을 읽을 때마다 내 안의 무언가가 조금씩 무너져 내렸다. 부활절 준비로 밤늦게 학교에 남았을 때, 대모를 하게 되었을 때, 매번 가슴속에서는 외침이 들렸다.

'이건 내가 아니야. 이런 삶은 내가 원한 게 아니야.'

과제물들이 산처럼 쌓여갔다. 깊이 이해하기도 전에 새로운 단원으로 넘어가는 수업 속도는 내 심장을 옥죄었다. 밤마다 공부할수록 더 무기력해졌다. 거울 속 내 눈에는 생기가 사라졌다.

그날 저녁, 모든 것이 한계에 다다랐다. 떨리는 손으로 문고리를 잡고 거실로 나섰다.

"엄마, 아빠. 저 더는 학교 못 다니겠어요."

아빠의 얼굴이 순식간에 붉게 변했다.

"어디서 감히!"

아빠는 주먹으로 테이블을 내리쳤고, 그 충격에 화분이 흔들렸다. 엄마는 아빠를 말리느라 정신이 없었고, 내 목소리는 아무에게도 닿지 못했다. 방으로 돌아와 여행용 가방을 꺼냈다. 내 인생을 내 손에 쥐기 위한 작은 시도였다. 큰집으로 향하는 버스 안에서 나는 처음으로 자유를 상상했다.

큰집에서의 일주일은 고요했다. 큰엄마는 묻지 않았고, 나는 말하지 않았다. 창밖의 나무들을 바라보며 생각했다.

'내 삶은 누구의 것인가.'

마지막 날 밤, 전화벨이 울렸다.

"세아야…. 집에 오렴."

엄마의 목소리였다.

"제발, 제 선택을 존중해 주세요."

목이 메었지만, 처음으로 진심을 전했다. 긴 침묵 끝에 엄마가 말했다.

"네 고집 알았으니까 그만 집으로 돌아와."

마침내, 가슴 깊은 곳에서 안도의 한숨이 나왔다. 그러나 동시에 불안함도 밀려왔다. 이건 끝이 아니라 또 다른 시작임을 알았다. 이제 내 앞에는 새로운 싸움이 기다리고 있다. 내 목소리를 찾기 위한, 내 삶을 되찾기 위한 긴 여정의 시작점을 알렸다. 그리고 마침내 부모님이 자퇴를 허락해 주셨다.

'만세, 이제 자유다.'

하지만 커다란 착각이었다.

❖❖❖
아빠가 편찮으신 건 나의 잘못

 자퇴 후 잠드는 게 어렵지 않게 되었다. 학교에 안 간다고 해서 생활이 늘어지지 않았다. 밤 11시에 잠들었고, 아침 6시에 일어나 하루를 시작했다. 봄이 막 시작될 무렵, 오전에는 도서관에 가서 그동안 읽고 싶었던 책을 읽었다. 창가에 앉아 따스한 햇살을 받으며 책을 읽는 시간이 행복했다. 점심을 먹고 나면 검정고시를 준비하기 위해 책상 앞으로 갔다. 저녁에는 사람들 눈을 피해 동네 운동장 구석을 걸었다. 밖에 나가기 싫었지만 최소한의 움직임은 있어야 한다는 생각에 모자를 깊게 눌러쓰고 되도록 사람을 피해 다녔다. 같이 학교 다녔던 친구들과 마주칠까 봐, 누가 내 얼굴을 알아볼까 두려웠다. 그러함에도 '적어도 나는 내가 원하는 방식으로 살고 있다.'는 자유를 찾았다는 행복감에 신경 쓰지 않기로 했다. 하지만 그 행복은 오래가지 않았다.

　자퇴 후 석 달이 지났을 무렵 아빠가 갑작스러운 두통을 호소하셨다. 처음에는 일시적인 증상이라고 생각했다. 덥고 습한 날씨 탓인가 싶었다. 하지만 시간이 지날수록 두통의 강도가 심해져 나중에는 음식을 씹는 것조차 고통스러워 식사를 하지 못하셨다. 원인과 병명을 알고 치료하기 위해 아빠는 직장을 쉬셨다. 유명하다는 병원에 입원했지만 제대로 된 병명조차 나오지 않았다. 어떻게 해야 하나 눈앞이 캄캄했다.

　여름이 한창일 때, 큰엄마가 친가 쪽 모든 식구들에게 내가 자퇴를 하고 난 뒤 아빠가 편찮으시다는 말을 했다는 사실을 알게 되었다. 그 후 나는 눈칫밥을 먹으며 지냈다. 조용히 시간이 지나길 바랐지만, 친척들의 시선은 날카로웠다.

　"네가 그 첫째구나."

　태어나서 처음 만난 전주에 사는 고모는 쯧쯧거리며 못마땅해했다. 여름 더위만큼이나 그 말이 뜨겁게 내 가슴을 파고들었다.

"너 때문에 아빠가 쓰러졌다."

외국에 살던 고모는 둘째를 통해 나를 죄인 취급했다. 그 말을 들었을 때, 창문 밖으로 보이는 푸른 하늘과 대비되는 어두운 마음을 어떻게 표현해야 할지 몰랐다. 가을이 시작되고, 나무들이 색을 바꿔 가는 것처럼 내 주변의 상황도 변해 갔다. 고등학교는 내가 자퇴하고 곧바로 소문이 퍼졌다. 선생님들 사이에 아빠 소식이 퍼졌다는 걸 알게 된 순간, 나는 완전한 죄인이 되었다. 바라보는 시선이 두려워 밖에 나가지 않았다. 낙엽이 떨어지는 길을 걷다가 '너 때문에 아빠가 아프다.'라는 말을 듣게 될까 봐 겁이 났다. 어쩔 수 없이 나가는 일이 생기면 바닥만 보고 걸었다. 소문은 나날이 퍼져 나갔다. 아빠의 지인이 전화를 할 때마다 숨이 막힐 것 같았다. 내가 부모님 속을 썩여서 아빠가 편찮은 거라는 죄책감으로 인해 단 하루도 마음 편한 날이 없었다.

가을이 깊어져 갈수록 집 안의 분위기도 더욱 차가워졌다. 엄마는 아빠를 신경 써야 했고, 나는 동생들을 챙겨야 했다. 자연히 공부하고는 멀어졌다. 검정고시 책은 책상 위에서 먼지만 쌓여갔다.

"아빠."

"나 부르지 마라."

 그 후 아빠는 나와 대화를 하려고 하지 않았다. 말을 걸려고 하면 화를 내셨고, 관계를 회복하기 위해 먼저 다가가면 외면하셨다. 창밖으로 보이는 단풍이 아름다울수록, 아빠와의 관계는 더 차갑게 식어 갔다. 막내는 내가 말을 하려고 하면 화를 내는 아빠의 모습에 당황했다. 그렇게 부모님, 특히 아빠와의 관계가 멀어졌다. 이러지도 저러지도 못하는 나는 가만히 쭈그려 있는 게 최선이라고 생각했다.

 겨울이 찾아오고, 첫눈이 내리던 날, 나는 창문을 통해 하얗게 변해 가는 세상을 바라보았다. 죄를 지은 사람은 눈에 띄지 않게 조용히 있는 게 당연하다고 생각해 방에서 나오지 않았다. 어쩌다 이렇게 된 것인지 세상이 원망스러웠다. 나는 자퇴해서 스스로 공부를 해 대학에 가고 싶었던 것뿐인데, 마음의 안정을 찾고 싶었던 것뿐인데, 아빠가 편찮으시게 될 거라고 누가 상상이나 했을까. 내가 불효녀가 될 줄이야. 창밖의 눈은 조용히 쌓여갔고, 나의 마음속에도 말 못할 감정들이 조용히 쌓여갔다. 현실을 받아들이기 힘들었고, 원망스러웠다. 어쩌다 이렇게 엉망이 되어 버린 걸까?

내가 자퇴한 게 문제였을까? 아무리 생각해도 이해할 수 없었고, 어떻게 해야 할지 몰라 답답해 미칠 것 같았다. 나의 입은 완전히 닫혀 아무 말도 하지 않게 되었다. 그것만이 내가 살 길이라 여겼고, 가만히 있으면 중간은 간다는 생각에 눈에 띄지 않기 위해 조용히 숨죽였다.

봄이 다시 찾아왔지만, 내 마음속의 겨울은 여전했다. 나는 잘못하지 않았는데, 단지 남들과 다른 선택을 했을 뿐인데, 그것이 어떻게 이런 결과를 가져올 수 있는지. 게다가 가족과 주변 사람들이 던진 말들은 화살이 되어 내 가슴에 꽂혔다. 그 화살을 뽑지도 못한 채, 나는 숨죽여 살았다.

누군가의 성급한 판단과 단정이 한 사람의 목소리를 얼마나 쉽게 앗아갈 수 있는지, 그리고 그것이 얼마나 오래 남는지 아무도 모른다. 그렇게 나는 죄인이 되어, 어디에도 속하지 못한 채 세상의 구석에서 숨죽이며 살았다. 단지 남들과 다른 길을 가고자 했을 뿐인데, 나는 왜 이 무거운 죄책감의 사슬을 끌고 가야 하는지, 아직도 이해할 수 없다.

❖❖❖
비교와 판단, 존중의 부재

 나는 오랫동안 비교의 그림자 속에서 살았다. 어릴 적부터 들었던 말들이 아직도 귓가에 맴돈다.
 "언니는 그저 그런데 동생은 다 잘하네."
 처음에는 그 말이 순수한 감탄에서 나온 것이라 믿었다. 내 동생의 재능을 자랑스럽게 여기는 주변 어른들의 말이라고 생각했다. 하지만 그 말들은 점점 내 마음속 깊은 곳을 긁어내는 날카로운 칼날이 되어 갔다. 나는 부족한 사람이라고 느끼기 시작했고, 동생의 그림자에서 벗어나지 못하는 모습을 발견했다. 결국 비교는 나를 숨 막히게 만들었다.

 둘째는 태어날 때부터 남다른 존재였다. 모든 것을 스펀지가 물을 빨아들이듯 빠르게 흡수했고, 주변 사람들의 시선을 순식간에 사로잡는 재능을 가졌다. 초등학생 때부터 선생님들은 그녀의 뛰어난 능력에 감탄했고, 부모님은 그녀의 성취에 큰 기대를 걸었다. 눈빛은 영리하고 날카로웠고, 한 번 배운 것은 놀랍도록 빠르게 소화해 냈다. 그러나 그 기대는 점차 둘째에게 무거운 짐이 되었다. 사춘기에 접어들면서 둘째의 성격은 점점 더 예민하고 날카로워졌다. 자신의 감정을 제대로 통제하지 못했고, 작은 자극에도 격렬하게 반응했다. "야!", "너" 이런 말들이 언니라는 따뜻한 호칭 대신 내게 투척되었다. 말끝마다 따라오는 욕설, 사소한 일에도 폭발하는 분노는 우리 가족 모두를 지치게 만들었다. 식탁에 앉으면 공기는 얼어붙었고, 그녀의 한마디에 모두가 긴장했다. 그녀는 목소리만으로 집 안 전체를 전쟁터로 만들어 버렸다.

둘째의 내면을 들여다보면 깊은 아픔이 있었다. 끊임없는 기대와 비교 속에서 자신의 본질을 잃어 갔다. 둘째는 늘 인정받고 싶어 했지만, 역설적으로 그 방식은 가족들로부터 멀어지는 길이었다.

"공부하기 싫어. 자퇴하면 안 돼?"

"왜 목표를 가져야 하는 거야. 나는 그냥 살고 싶어."

그 외침 속에는 숨겨진 좌절감과 분노가 끓어오르고 있었다. 엄마는 매일 같은 대화를 반복했다. 초등학교 5학년부터 중학교 졸업할 때까지 평일에는 3~4시간, 주말에는 6시간 이상을 둘째와 대화하며 보냈다. 밥을 굶어 가며 새벽까지 둘째의 감정을 달래고, 둘째의 이야기에 귀 기울였다. 하지만 둘째의 만족은 결코 채워지지 않았다.

내가 병들기 시작하면서 우리 가족의 긴장은 극에 달했다. 병고는 우리 모두에게 큰 시련이었다. 그때부터 둘째의 불만은 더욱 격렬해졌다.

"나도 아프고 힘들어 죽겠는데 언니만 챙겨?"

그 외침 속에는 질투와 서운함, 그리고 깊은 외로움이 뒤섞여 있었다. 나 역시 내면의 아픔을 감추고 있었다. 병으로 인해 무력해진 내 모습, 더는 가족을 지탱할 수 없다는 무력감, 그리고 둘째와의 관계에서 느끼는 깊은 상처. 왜 우리는 서로를 이해하지 못하는지, 왜 서로를 끊임없이 아프게 하는지. 결국 나는 집을 떠나야 했다. 몸져누운 상태에서도 둘째의 방문을 막았다. 그녀의 감정 폭발이 나의 회복을 방해

할까 두려웠기 때문이다. 그녀의 존재만으로 내 마음은 불안과 공포로 가득 찼다.

우리는 서로에게 깊은 상처를 남겼다. 비교와 판단, 존중의 부재가 만들어 낸 쓰라린 풍경이었다. 가족은 서로의 차이를 인정하고 받아들이는 공간이어야 하지 않을까? 각자의 아픔과 성장 과정을 이해하고 존중할 때, 진정한 가족의 의미를 찾을 수 있을 것이다. 비교하기보다는 있는 그대로 바라보는 시선이 필요하다. 그 안에서 서로의 고유함을 발견하고, 서로를 지지하는 힘을 배우는 게 진정한 가족의 모습일 것이다. 상처는 치유될 수 있다. 그리고 그 치유는 서로를 이해하려는 작은 노력에서 시작된다.

✦✦✦

미완의 화해, 그리고 나의 치유

 피할 수 없는 관계 속에서 느끼는 복잡한 감정의 실타래를 풀어내는 일은 쉽지 않다. 첫 연락의 시작은 우연이었다. 회사에서 큰 어려움을 겪고 있던 둘째에게 언니로서 먼저 손을 내밀었다. 엄마는 연락하지 말라고 경고했지만, 핏줄을 나눈 언니로서의 양심이 나를 움직였다. 처음에 '괜찮니?'로 시작된 대화는 '네 편이 있다.'라는 따뜻한 말로 마무리되었고, 잠시나마 관계 회복의 희망을 보았다. 그러나 금요일 저녁마다 이어지는 전화는 점점 나를 옭아매는 족쇄가 되었다. 처음에는 안부를 묻는 통화였지만 시간이 지날수록 내 몸은 점점 더 반응했다. 전화벨이 울릴 때마다 손바닥에 맺히는 식은땀, 심장이 빠르게 뛰는 고동, 목구멍에 맴도는 답답함. 이 모든 감정은 말로 표현할 수 없는 무언가를 감추고 있었다.

  통화를 할 때마다 내 안에서는 끊임없는 내적 대화가 벌어졌다.

  '전화 받기 싫다.'

  '언니로서 그러면 안 된다.'

  이 모순적인 감정들은 밤새 나를 괴롭혔고, 잠들지 못하는 긴 밤을 만들어 냈다. 가족이라는 이름으로 포장된 의무감이 가장 무거운 짐이 되었다. 무엇보다 대화를 통해 과거의 응어리를 풀고 싶었던 나의 바람은 산산조각 났다. 둘째의 냉담한 말은 마치 칼날처럼 날카로웠다.

  "지나간 일을 왜 얘기해? 난 지나간 일에 대해 신경 쓰지 않아."

  그 말 한마디에 그동안 쌓아 온 화해의 기대는 무너졌다.

  의사의 조언은 분명했다. 가족이라는 이유로 무조건 이해하고 수용하지 않아도 된다고, 그러한 굴레가 나를 상하게 할 수도 있다고. 이해하고 수용하려 해도 그것이 불가할 때는 거리 두기가 필요하다고.

  지금 우리는 형식적인 관계를 유지하고 있다. 엄마를 통해 간간이 안부를 묻고, 가끔 논산에 내려오면 밥 한 끼 먹는 게 전부다.

'이것이 가족 관계의 끝인가.'

슬픔과 찝찝함, 그리고 죄책감이 뒤섞인 감정들이 내 마음을 복잡하게 만든다.

나는 이제 깨달았다. 모든 관계를 강제로 고치려 들지 말아야 하며, 때로는 스스로의 치유가 더 중요하다는 것을. 누구나 해결하지 못한 문제를 안고 살아간다. 완벽한 화해란 존재하지 않을지도 모른다. 다만 나는 이 순간, 이 감정을 인정하고 받아들이려 노력할 뿐이다. 오늘도 나는 흔들리는 마음을 다잡으며 앞으로 나아간다. 끝나지 않은 여정, 아직 완성되지 않은 나의 이야기는 계속된다.

♦♦♦
고모라는 그림자

 처음 증상이 나타난 건 내가 대학생이었을 때다. 정확히 말하자면 외국에서 고모가 돌아와 함께 살아야 한다는 소식을 듣고 난 뒤다. 나는 쓰러졌다. 식은땀이 온몸을 적셨고, 가슴은 마치 누군가 손으로 꽉 쥐고 있는 것처럼 답답했다. 숨을 쉴 수 없었다. 돌이켜 보면 고모하고 얼굴을 마주 보고 산 시절은 내가 10대였을 때 한 달 남짓인데 어쩌다 그때 겪은 고통이 평생 뇌리에 박혔는지 신기할 뿐이다. 어떤 상처는 시간이 흐른다고 저절로 아물지 않는다는 것을 그때 처음 깨달았다.

 내가 어릴 때다. 대학교 교수가 꿈이었던 고모는 수녀가 되어 이탈리아로 유학을 떠났다. 수녀원에서 지내며 꿈을 이루기 위해 노력했고, 20년 넘게 공부를 한 끝에 박사 학위를 받았다. 30대에 시작한 공부를 50대 초반이 되어 마쳤다. 외국에서 혼자 공부를 하는 건 어려운 일인데 끝까지 해낸 고모가 존경스럽고, 성실함과 포기하지 않는 마음을 본받아야 한다고 생각한다. 단, 거기까지다. 그 이상의 존경도, 그 이상의 친밀함도 느낄 수 없다.

고모는 내가 열두 살이던 해 휴가를 받아 한 달 동안 함께 지냈다. 전화로만 이야기를 나누다가 처음으로 만난다는 생각에 기쁨과 두려움이 공존했다. 그날 아침, 거울 앞에서 옷매무새를 여러 번 고치며 설레는 마음을 진정시켰다. 전화 통화를 할 때마다 잔소리, 꾸짖음만 들었기에 긴장이 되었지만 실제로 만나면 따뜻한 분일 거라고 여겼다. 하지만 그것은 어린아이의 순진한 착각이었고, 고모와 함께한 한 달은 매일 살얼음판을 걷는 기분이었다.

"집 안이 이게 뭐야?"

고모는 집에 오자마자 현관에 가방을 내려놓기도 전에 집 안을 구석구석 둘러보았다. 나는 환영의 포옹을 기대했는데 그녀의 날카로운 눈빛은 우리 집의 결함을 찾아다녔다. 내 심장이 빠르게 뛰기 시작했고, 손바닥에 땀이 배어났다. "집이 깨끗하지 않다."부터 시작해 물건은 오래 쓰고 있는지, 제대로 절약하고 살고 있는지 잔소리하며 확인했다.

집 안을 돌아다니는 고모의 뒤를 따라가던 엄마의 어깨가 점점 움츠러드는 것이 보였다. 평소 당당하고 똑 부러지게 집안을 이끌던 엄마의 모습은 온데간데없고, 마치 학생처럼 고개를 숙인 채 고모의 지적을 받아들이고 있었다. 그 순간 나는 내 안에 뜨거운 분노가 일어나는 것을 느꼈지만 목구멍까지 차오른 말들을 끝내 내뱉지 못했다.

"제대로 하는 게 하나도 없어."

툭하면 엄마에게 잔소리를 하는 고모를 볼 때마다 눈물이 났다. 엄마는 잘못한 게 없는데 왜 타박을 하는지 이해할 수 없었다. 밤마다 이불 속에서 엄마를 위해 기도했고, 고모가 빨리 떠나길 바랐다. 내 방 창문으로 보이는 달빛 아래에서 나는 훌쩍이며 울었다. 왜 가족이라는 이름으로 이런 고통을 감내해야 하는지 이해할 수 없었다.

부엌에 들어설 때마다 나는 긴장했다. 무슨 일이 일어날지 예측할 수 없었기 때문이다. 고모는 끼니마다 마늘을 다져서 먹어야지 다져서 얼려 놓은 마늘을 쓰면 안 된다고 식사 준비할 때마다 잔소리를 했다. 엄마가 정성껏 김을 구워

놓으면 요오드 때문에 많이 먹으면 몸에 안 좋은데 왜 쓸데없는 반찬을 올렸냐며 한쪽으로 치웠다. 식탁에 앉은 우리 가족의 표정이 하나둘 굳어 갔다. 음식을 먹는 것이 아니라 고모의 눈치를 보는 시간이 되어 버렸다.

"버르장머리 없이."

조금만 고모의 신경을 건드리면 할머니가 옆에 계셔도 큰 소리를 내며 나와 동생들을 혼냈다. 소리를 지를 때마다 고모의 목에 있는 핏줄이 도드라졌고, 그 모습을 볼 때마다 공포가 엄습했다. 눈물이 많았던 나는 훌쩍거리며 잘못했다고 빌었는데 둘째는 어린 나이임에도 불구하고 당당히 자신의 의견을 말했다.

"나는 잘못하지 않았는데 고모는 왜 나한테 뭐라고 하는 거예요?"

순간 방 안의 공기가 얼어붙는 것 같았다. 엄마의 얼굴이 하얗게 변했고, 고모의 눈빛은 더욱 날카로워졌다. 엄마에게 불똥이 튀는 모습을 보고 난 뒤, 둘째는 더는 아무 말도 하지 않았다. 그날 밤, 동생의 침대 옆에 앉아 동생의 머리를 쓰다듬으며 나는 고모의 행동이 우리 모두를 어떻게 변화시키고 있는지 깨달았다. 우리는 모두 자신의 껍질 속으로 숨어 버렸다.

  고모는 말과 행동으로 사람을 난처하게 만드는 게 특기다. 온 세상이 자신을 기준으로 돌아가고 자기 말만 옳고 다른 사람은 틀렸다고 설교했다. 그녀의 눈을 마주칠 때마다 나는 움츠러들었다. 무엇을 말해도 틀린 것이 될 것 같은 두려움이 나를 지배했다. 하나부터 열까지 남이 틀렸고 자신만이 옳다는 사람과는 대화가 되지 않는다. 아니, 대화를 할 수 없다. 일방적으로 당해야 했던 부모님과 나, 동생들은 점점 고모에 대해 거리감이 생겼고, 관계가 불편해졌다. 하나부터 열까지 고모의 말에 복종해야 했고, 그러지 않으면 부모님이라고 해도 가만두지 않았다. 소리를 지르고, 화를 내는 모습에 우리 가족은 쥐가 된 느낌이었다. '쥐 잡듯이' 딱 어울리는 표현이다.

  매일 오늘은 무슨 일로 혼나게 될까 걱정하며 아침을 시작했다. 학교에 가는 길에도, 수업 시간에도 집에 대한 걱정으로 마음이 무거웠다. 집으로 돌아가는 발걸음은 점점 느려졌고, 집 앞에 도착하면 깊은숨을 들이마시고 용기를 내

야만 문을 열 수 있었다. 어두운 부모님의 모습에 마음이 아팠고, 어떻게든 꼬투리를 잡히지 않기 위해 정신을 바짝 차렸다.

그렇게 한 달이 지나고 고모가 떠났지만, 고모의 그림자는 오랫동안 우리 집에 남았다. 서서히 원래의 모습을 찾아갔지만, 나는 조금 다른 사람이 되어 버렸다. 비판에 극도로 민감해졌고, 누군가 목소리를 조금만 높여도 심장이 빨리 뛰기 시작했다. 세월이 흘러 대학생이 되었을 때, 고모가 다시 한국으로 돌아온다는 소식에 내 몸은 기억하고 있었다. 그것이 '트라우마'라는 것을 그제야 깨달았다.

누군가에게는 사소한 일이 다른 이에게는 깊은 상처가 될 수 있다. 우리는 모두 각자의 방식으로 상처받고, 각자의 방식으로 회복한다. 나에게 고모는 여전히 넘기 힘든 산이지만, 이제는 그 산을 바라볼 용기가 생겼다. 어쩌면 진정한 치유는 상처를 없애는 것이 아니라, 그 상처와 함께 살아가는 법을 배우는 것인지도 모른다.

♦♦♦
과거의 상처에서
벗어나기 위해

 대학 중간고사 준비를 하다가 책상에서 졸고 있는데 살면서 꿈속에 단 한 번도 나타난 적 없는 고모가 등장했다. 외국에 있는 고모가 한국에 돌아와 함께 살아야 한다는 내용이었다. '고모와 같이 살 수 없다. 모두가 힘들다.' 나는 울며불며하다가 잠에서 깼다. 생전 꿔 본 적 없는 꿈에 당황스러웠고, '개꿈인가보다.' 하며 넘어갔다. 그리고 며칠 뒤 저녁 식사 중 가족에게 꿈 이야기를 했는데 아빠는 껄껄 웃으며 그런 일은 절대로 없을 것이라 호언장담했다. 동생들은 농담이라도 그런 말을 하지 말라면서 두 팔을 문질렀다. 그렇게 웃으며 넘어갔다.

 일주일 뒤 엄마는 나를 따로 불러서 조용히 말했다.

 "고모가 한국으로 돌아온대. 완전히."

그 말을 듣는 순간 머리가 띵했다. 말로만 듣던 예지몽을 꾼 거라는 생각에 소름이 돋았다.

 한 달 뒤, 한국에 들어온 고모는 우리 집에서 같이 지내면서 앞으로 어떻게 할 것인지 결정을 내리기로 했다. 그리고 우리 가족은 내가 열두 살이던 해와 똑같이 스트레스 속에 살았다. 고모는 스스로 수녀원에서 나왔다고 했지만, 아빠는 쫓겨났다고 했다. 아빠에게 들은 바로는, 고모는 애초에 수녀였던 적이 없다. 수녀가 되는 과정을 마치지 못하고 쫓겨날 위기에 처했는데 수녀원에서 지낼 수만 있게 해 달라고 사정해서 20년 동안 버텼던 것이다. 그런데 박사 학위를 취득하자마자 한 자리를 차지하려고 하니 수녀님들이 반기를 들었고, 결국 쫓겨난 것이다.

 고모는 본인은 갈 곳이 많고, 불러 주는 곳이 많기 때문에 언제든 떠날 수 있다며 큰소리쳤다. 금방 나갈 것처럼 하던 고모는 한 달이 지나도 아무 말이 없었다. 그러더니 갑자기 미국으로 가겠다고 하면서 아빠에게 금전적 지원을 받아 일주일 만에 떠나시는 게 아닌가. 두 번 다시 한국에 돌아올

일이 없다면서 말이다. 갑작스러운 태도 변화가 당황스러웠지만, 문제가 해결되었다고 믿고 싶었다. 그런데 채 6개월도 되지 않아 갑자기 돌아온다니.

고모가 떠나고 난 후 나는 언제가 되었든 고모가 돌아올 게 분명하다고 수없이 말했다. 고모의 비자 문제가 해결되지 않았고, 쫓겨난 사람이 어디로 갈 수 있겠냐는 게 이유였다. 갈 곳이 많다는 말을 믿을 수가 없었다. 평소 박사 학위를 받지 못한 게 엄마가 방해해서 그렇다는 이상한 궤변을 늘어놓은 적이 있어 나는 고모에게 허언증이 있는 게 아닌지 의심을 했다. 아빠는 미국에 계신 이모할머니 댁으로 갔기 때문에 걱정 안 해도 된다고 하셨지만 믿을 수 없었다. 누가 그 성격을 받아 준다는 말인가. 결국 고모는 돌아왔고, 나는 병을 얻었다.

내가 아프게 된 이유는 갑작스러운 충격을 받아서 그런 걸까. 고모와 함께 살아야 한다는 두려움 때문일까. 괴롭힘을 당하는 엄마의 모습을 보는 게 고통스러워서 그런 것인지도 모르겠다. 정확한 이유를 찾을 수 없지만 나도 모르는 사이에 내 안에 많은 것이 쌓여 있었고, 고모의 존재가 시발

점이 되어 폭발해 버린 게 아닌가 싶다.

솔직히 말해서 나는 내가 아픈 게 다행이라고 생각한다. 고모로 인해 스트레스를 받아 아빠나 엄마가 편찮으셨으면 일이 더 커져 감당하기 어려웠을 테니까. 하지만 생각 이상으로 길어지는 전환 장애 때문에 이제는 어떻게 해야 할지 모르겠다. 원망이 고모로 향할 때마다 죄책감이 들지만, 고모가 돌아오지 않았으면 아무 문제가 없지 않았을까 하는 생각에 내 마음은 어둠으로 물들어진다.

이제 오랜 시간이 지났으니 마음이 가벼워지거나 고모에 대한 생각을 바꿔야 한다고 되뇌지만 쉽지 않다. 물 위에 떠 있는 기름처럼 그 감정은 계속해서 내 마음의 표면을 덮고 있다. 나는 가끔 내 안의 분노가 너무 깊어 결코 사라지지 않을까 두렵다. 그러나 오늘 아침, 그 어둠 속에서 한 줄기 빛을 발견했다.

옛 일기장을 정리하다 발견한 고모가 돌아오기 전의 글들을 읽으며, 그때의 나와 지금의 나 사이에 놓인 시간의 무게를 느꼈다. 그 시간 동안 나는 얼마나 많은 것을 견뎌 왔는지. 아픈 몸으로도 학교를 다니고, 가족의 균열 속에서도 내

자리를 지켜 왔다. 그 힘이 어디서 왔는지는 모르겠지만, 분명 내 안에 있었던 거다. 트라우마는 내 과거의 일부가 되었지만, 내 미래까지 지배할 필요는 없다. 고모에 대한 원망, 두려움, 분노는 자연스러운 감정이지만, 이제는 이 감정들이 내 앞길을 가로막는 걸림돌이 되고 있음을 인정해야 한다. 오늘부터는 이 감정들에게 너무 많은 힘을 빼앗기지 않기로 결심했다.

고모에 대한 기억이 떠올랐을 때, 그것을 밀어내지 않고 느껴 보기로 했다. 그 감정이 내 몸을 타고 흐르고, 천천히 빠져나가게 하는 것. 그것이 치유의 첫걸음이 아닐까. 불편함이 편안해질 때까지 기다리기보다, 적극적으로 내 감정을 돌보고 이해하는 법을 배우기로 했다. 고모와의 관계에서 비롯된 상처가 더는 내 삶을 지배하지 않도록. 작은 발걸음을 내디딘다. 그것이 나를 위한 것임을 알기에. 이 어둠의 터널을 지나 언젠가는 환한 빛 속에서 걸을 수 있으리라 믿으며.

❖❖❖
초롱이가 열어 준
마음의 문

 가족에 관한 이야기를 꺼내는 것은 내 얼굴에 침 뱉는 것 같아 늘 주저했다. 이 이야기를 꺼내기까지 10년이 훌쩍 넘는 시간이 필요했다. 그 시간 동안 나는 첫째라는 이름으로 많은 것을 참고 견뎌 왔다.

 "첫째는 모범을 보여야지."

 "네가 동생들 앞에서 그러면 어떡하니?"

 "대학은 서울로 가야 한다. 다른 선택지는 없어."

 아빠의 말씀은 항상 지시였고, 나의 의견은 언제나 '고집'으로 치부됐다. 내가 미술을 좋아한다고 말했을 때, 동아리에 들고 싶다고 했을 때도 아빠는 "공부나 열심히 해."라는 한마디로 꿈을 접게 만들었다. 반면 동생들은 달랐다. 둘째가 일본 유학을 가고 싶다고 했을 때 아빠는 "네가 원하는 공부라면 해야지."라며 등록금을 내 주셨다. 나는 그 차별에 상처받았지만, 첫째니까 가족이니까 이해하려 노력했다. 부모님 역시 나로 인해 마음고생이 많으셨을 테니까. 하지만 수없이 꿀꺽 삼킨 서러움은 단단한 응어리가 되어 마음속에 자리 잡았다. 그 고통에서 벗어나고 싶었지만 어떻게 말을 꺼내야 할지 몰랐다. 시간이 지나면 나아질 거라 생각했다. 하지만 잊고 싶어도 잊을 수 없었다.

그러던 어느 날, 뜻밖의 변화가 찾아왔다.
"초롱아, 밥 먹자. 오늘은 특별히 소고기야."
아빠가 강아지에게 정성스레 음식을 담아 주는 모습이 낯설다.
"초롱이가 어제부터 밥을 잘 안 먹어서 걱정이야."
엄마의 목소리에 진심 어린 걱정이 묻어났다. 평소 '개는 개일 뿐'이라며 차가운 태도를 보이던 부모님이 아니었다. 그날 밤, 초롱이가 갑자기 구토를 했다. 아빠는 잠옷 차림 그대로 초롱이를 안고 24시간 동물병원을 찾아 나섰다.
"급성 췌장염입니다. 하루만 늦었어도 위험할 뻔했어요."
수의사의 말에 아빠의 얼굴이 하얗게 변했다. 그날 밤 아빠는 병원 대기실 의자에서 초롱이 옆을 지켰다. 다음 날 아침, 피곤에 절은 아빠가 초롱이를 데리고 돌아왔을 때, 엄마는 눈물을 글썽이며 초롱이를 안았다.

"우리 막내 괜찮아? 많이 아팠지?"

그 순간 나는 알 수 없는 눈물이 왈칵 쏟아졌다. 왜 그런지 이해할 수 없었다. 하지만 초롱이를 '가족'으로 받아들이는 부모님의 모습에서 무언가 느껴졌다. 차갑다고만 생각했던 부모님에게도 따뜻한 사랑이 있었던 거다. 그 후로 나는 생각했다. '초롱이를 이해해 주는 만큼 나도 이해해 주지 않을까?' 용기를 내어 대화를 시도해야겠다고 마음먹었다.

어느 토요일 오후, 답답함이 극에 달했을 때 나는 엄마에게 말했다.

"엄마, 아빠랑 나랑 셋이서 이야기 좀 할 수 있을까?"

우리는 햇빛이 잘 들어오지 않는 방에 모였다. 불도 켜지 않았다. 세 사람이 서로의 얼굴을 마주 보지 않은 채 각자의 자리에 앉았다. 10년이 넘는 응어리를 꺼내려니 목이 메었다.

"나…. 할 말 있어."

나도 모르게 짜증 섞인 목소리가 나왔다.

"아빠, 힘들어…."

그러면서 아빠가 방을 나가려 했다. 그때 엄마가 아빠의 팔을 잡았다.

"여보, 세아 이야기 좀 들어 봐요. 그 정도는 해줄 수 있잖아요."

엄마의 간곡한 부탁에 아빠는 걸음을 멈췄다. 그제야 아빠와 눈이 마주쳤다.

"아빠, 드디어 내 얼굴을 보네. 왜 내 이야기는 한 번도 들어 주지 않았어?"

내 목소리가 떨렸다.

"나는 네가 첫째이기 때문에 아빠 말을 따라 주길 바랐어. 네 성격을 잘 알기에 방향을 잡아 주고 싶었을 뿐이야."

"동생들 이야기는 다 들어 주면서, 내 이야기만 무시한 이유가 내가 첫째라서 그렇다고?"

"그래. 첫째는 집안의 기둥이잖아. 아빠 말을 따라야지."

"결국 나를 믿지 않은 거잖아…."

아빠는 말이 없었다. 10년간 쌓인 감정이 한순간에 터져 나왔다. 나는 소리를 지르고, 울었다. 목소리가 갈라졌지만 멈출 수 없었다.

"내가 자퇴하고 싶다고 했을 때, 감히 아빠 말을 거역한다고 했던 거 기억해? 내가 얼마나 아픈지는 믿어 주지도 않고 강압적으로 말했잖아. 말도 안 되는 소리라고 아빠가 나한테 소리 질렀을 때 나는 온몸이 두들겨 맞은 것처럼 고통스러웠어!"

울분을 토해 내는 내 모습을 보며 엄마도 울기 시작했다.

"세아야, 정말 미안해."

엄마가 내 손을 잡았다. 차가웠던 손이 따뜻해졌다.

"미안하다…. 아빠가 멋대로 판단하고 결정했어."

아빠의 목소리도 흔들렸다. 그의 손이 내 손을 덮었다. 그렇게 우리 셋은 과거의 이야기를 풀어냈다. 내가 느꼈던 서운함, 아빠의 기대, 엄마의 안타까움까지. 말하고, 듣고, 또 울었다.

"네가 그렇게 생각했을 줄은 몰랐어. 너를 사랑하는데 네 마음을 몰라줬어."

아빠의 말에 나는 더욱 울컥했다.

"이제부터 달라질게. 네 이야기에 귀 기울일게."

오랫동안 듣고 싶었던 말이었다. 그저 내 이야기를 들어줬으면 충분했는데. 그 한마디에 얼어붙었던 마음이 녹기 시작했다.

이야기가 끝난 후 오랜만에 부모님과 함께 저녁을 먹는데 어색한 침묵이 흘렀다.

"세아야, 너 이 나물 좋아하잖아. 한 번 먹어봐."

아빠가 갑자기 반찬을 건넸다.

"내가 이 나물 좋아하는지 어떻게 알았어?"

"왜 몰라. 다 알고 있지."

아빠의 말에 놀랐다. 나에 대해 전혀 모르는 줄 알았는데, 사소한 취향까지 기억하고 있었다니.

"아빠, 흰머리가 많이 났네."

문득 아빠의 머리카락이 눈에 들어왔다.

"이제 나이를 먹은 거지."

아빠의 뒷모습을 보니 마음이 찡했다. 단단하고 완고하기만 했던 아빠가 아닌, 그저 나이 들어가는 한 사람의 모습이 보였다.

툭 터놓고 마음속 이야기를 나누고 나니 부모님을 바라보는 시선이 달라졌다. 눈을 마주치는 게 부담스럽지 않고, 가끔은 내가 먼저 말을 걸기도 한다. 처음에는 어색했지만 조금씩 적응하며 서로에 대해 알아가는 중이다. 물론 완벽하진 않다. 종종 의견이 부딪치고 목소리가 높아질 때도 있다.

"아니, 아빠 내 말을 이해 못 한 거야?"

"이해 못 한 게 아니라 못 알아들은 거야. 다시 말해 주면 되잖아."

"분명 짜증 냈어."

"아니라니까, 내가 언제 짜증 냈냐?"

그럴 때면 문득 웃음이 난다. 이런 게 가족 간의 진짜 대화구나 싶어서. 초롱이는 여전히 아빠 무릎에 올라가 낮잠을 자고, 나는 가끔 부모님 댁에 들러 함께 저녁을 먹는다. 그리고 이제는 서로 먼저 대화를 시작하려고 한다.

가끔 초롱이를 보며 생각한다. 작은 강아지 한 마리가 열어 준 마음의 문이 우리 가족에게 새로운 시작을 가져다주었다고. 초롱이가 아프지 않았더라면, 아마 나는 지금도 용기를 내지 못했을지 모른다. 작은 생명이 보여준 가족의 의미가 우리에게 두 번째 기회를 주었다.

오늘도 초롱이는 내가 올 때까지 현관문 앞에서 기다리고 있겠지? 나는 더 이상 두려워하지 않고, 그 문을 연다.

❖❖❖
병실에서 바라본 사랑의 풍경

 엄마가 라디오 사연을 듣다가 알게 된 책이 있다. 『근육이 마구 떨리는데 마음의 병이라니』다. 어느 사회학자 부부의 이상 운동 증후군 이야기로 투병·간병에 대해 담겨 있다. 이상 운동 증후군은 극심한 근육 경련과 마비 등을 일으키는 특이성 질환으로 원인을 알기 어렵고, 마땅한 치료 방법이 없어 고통을 견뎌 내는 방법밖에 없다. 병의 설명을 듣고 나와 비슷한 듯 다른 모습에 마음이 끌렸다. 책을 읽으며 극한의 고통과 피로 속에서도 서로 위로하고 배려하는 부부와 가족의 사랑을 만났다. 가슴 아픈 이야기지만 마음이 따뜻해지는 책이다.

 정신과 관련 책을 읽을 때마다 기억에 남는 이야기가 있다.

 '아프고 고통스러운 시간을 보내고 있지만 가족 덕분에 버틸 수 있어요.'

 부모님, 남편, 아내, 자식의 사랑 덕분에 이겨 낼 수 있었다는 감동적인 이야기에 마음이 뭉클해진다. 하지만 그 내용을 볼 때마다 어딘가 모르게 불편해지는 부분이 있다.

 나는 부모님, 특히 엄마의 사랑을 받았다. 엄마는 주말이면 잠깐이라도 나와 시간을 보내기 위해 아침 일찍 버스를 타고 입원한 서울 병원으로 올라왔고, 몇 시간 못 있고 내려가셨다. 산책을 하며 걷기 연습을 했고, 그러다가 의자에 앉아 이야기를 나눴다. 서울에서 대학에 다니던 둘째도 종종 찾아와 시간을 함께 보냈고, 친한 동생은 매일 찾아와 나에게 꽃 한 송이를 선물해 주고 갔다. 친척들은 "병원 밥만 먹으면 실리지 않니?" 하면서 도시락을 싸주셨다. 그렇게 주변 사람들의 사랑으로 버틸 수 있었다.

 나는 운이 좋은 사람이다. 많은 사람의 기도와 관심, 사랑 덕분에 위로를 받고, 좋아질 수 있다는 믿음을 갖게 되었다. 하지만 입원한 모든 사람이 그렇다고는 할 수 없다.

처음 정신과에 입원했을 때 병실 메이트는 할머님들이셨다. 70대, 80대로 나이가 꽤 있으셨는데 몸이 좋지 않은 관계로 입원 생활이 길었다. 그런데 입원해 있는 동안 보호자를 한 번도 만날 수 없었다. 70대 할머니는 자식 모두가 미국에 살고 있기 때문에 한국에 들어올 수 없다며 가끔 짧게 영상 통화를 하는 게 전부였다. 80대 할머니는 오 남매가 각자의 분야에서 성공한 흔히 말해서 자식 농사를 잘 지었다고 할 수 있는 분이었다. 대통령과 함께하는 기자, 유명 대학의 교수, 연구원, 대기업 임원 등 화려한 경력을 가지신 분들이었다. 그런데 얼굴 한 번을 볼 수 없었다. 할머니들은 "긴 병에 효자 없다."는 말을 하시며 간병하는 가족도 환자만큼 심신이 고달프고 힘들어진다면서 차라리 멀리 떨어져서 각자의 삶을 살자고 하셨단다. 그래서 혼자 입원하고, 퇴원도 혼자 하신다고 덤덤한 투로 말하셨다. 말은 그렇게 하셨지만 "자식들 키워 봐야 다 소용없어."라는 말을 한숨 쉬듯 할 때마다 가슴이 미어졌다.

병실에 있다 보면 찾아오는 이가 없어 홀로 있는 환우들을 자주 보게 된다. 저마다 사정이 있어서, 어쩔 수 없는 이유로 병실에 찾아가기 어려웠겠지. 내가 보지 못한 곳에서 가족이, 지인들이 아끼고 챙겨 줄 것이다. 그렇기에 병실에 오지 않는다고 함부로 넘겨짚으면 안 된다. 하지만 매일 혼자 병실에 있는 환우를 볼 때면 마음이 무겁고, 누군가가 나를 찾아왔을 때 눈치가 보인다.

 가족의 사랑은 모두에게 동등하게 주어지지 않는다. 책 속에서 읽었던 아름다운 이야기들은 현실의 일부일 뿐이다. 그럼에도 불구하고, 우리는 각자의 방식으로 사랑을 주고받으며 살아간다. 내게 주어진 사랑에 감사하면서도, 그 사랑을 받지 못하는 이들을 향한 연민과 이해의 마음을 갖는 것. 어쩌면 그것이 내가 병원에서 배운 또 다른 형태의 사랑인지도 모른다. 그리고 언젠가 나도 누군가에게 그런 따뜻한 위로가 되어 줄 수 있기를 바란다. 모든 사람이 완벽한 가족의 사랑을 받을 수는 없지만 우리는 서로에게 작은 빛이 될 수 있으니까.

♦♦♦
시간의 무게

 엄마의 왼쪽 손과 다리가 뻣뻣해졌다. 차가운 병원 대기실에서 진료를 기다리며 엄마의 손을 잡았을 때 예전과는 다른 뻣뻣함이 느껴졌다. 미세하게 떨리는 손가락, 한 발 한 발 조심스럽게 내딛는 걸음. 내 눈에도 그 변화가 분명히 보였다. 한의원에서 침을 꾸준히 맞으면서 약간 회복하셨지만 근본적인 문제는 해결되지 않았다.

 큰 병원에서 검사를 받기까지 기다림의 시간은 끝없이 길었다. 흰 형광등 아래 차가운 의자에 앉아 번호표를 바라보며 보낸 시간들. 그 모든 순간 가슴 한편에는 무거운 돌덩이가 얹혀 있는 듯했다. '괜찮을 거야, 괜찮을 거야.' 속으로 되뇌며 불안함을 삼켰다. 석 달이란 시간이 흐른 뒤 결과를 듣게 된 날, 의사의 입에서 '파킨슨병'이라는 단어가 나오는 순간 세상이 멈춘 듯했다. 병원 복도는 갑자기 길어졌고, 사람들의 목소리는 먼바다 건너편에서 들려오는 것처럼 희미해졌다.

　파킨슨병. 그 단어가 내 머릿속을 스쳐 지나가는 순간, 입원 시절 만났던 파킨슨병 환우들의 모습이 파노라마처럼 펼쳐졌다. 떨리는 손으로 숟가락을 들려다 국물을 흘리던 할아버지, 보조기에 의지해 천천히 걸어가던 할머니의 뒷모습. 그때는 단지 타인의 고통으로만 보였던 그 장면들이 이제는 엄마의 미래가 될 수도 있다는 생각에 심장이 무너져 내렸다.
"초기에 발견된 거니까 너무 걱정하지 마세요. 관리만 잘하면 좋은 상태를 오래 유지할 수 있어요."
　의사의 말이 귓가에 맴돌았지만, 내 마음속에선 이미 폭풍이 불어닥치고 있었다.
　병원을 나오는 길, 엄마는 오히려 나를 위로하셨다. 햇살이 비치는 병원 입구에서 엄마는 내 손을 꼭 잡으며 말씀하셨다.
"괜찮아, 우리 딸. 엄마는 괜찮아."

그 말에 눈물이 앞을 가렸다. 하늘은 오늘따라 유난히 파랗고 맑았다. 그 투명한 하늘 아래서 나는 무너져 내렸다. 엄마가 자신의 몸을 챙기며 스스로 돌봐야 하는데 오히려 떨리는 손으로 내 등을 토닥이는 이 현실이 가슴을 후벼 팠다.

집으로 돌아오는 택시 안에서 창밖을 바라보며 생각했다. 시간은 누구에게나 공평하게 흐른다. 내가 자라며 나이를 먹어가는 만큼 부모님도 나이를 먹는다. 창밖으로 스쳐 지나가는 가로수들처럼 우리의 시간도 빠르게 지나가고 있다. 하지만 나는 부모님이 영원히 그 자리에 변함없이 있을 거라 생각하며 살아왔다.

거실 탁자 위에 놓인 가족사진 속 엄마의 환한 웃음이 눈에 들어왔다. 5년 전 찍은 사진 속에서 이미 병은 조용히 시작되고 있었다는 사실이 가슴을 무겁게 눌렀다. 소파에 앉아 옛 앨범을 넘기다 보면 시간의 흐름이 고스란히 담긴 부모님의 모습이 페이지마다 변해 간다. 검은 머리가 하얗게 변해 가는 과정, 팽팽했던 피부에 주름이 생겨나는 과정, 그 모든 변화를 담담히 받아들였던 부모님의 모습.

새벽녘, 잠 못 이루고 부엌에 앉아 있는데 엄마가 물 한 잔을 따라 주셨다. 희미한 조명 아래 엄마의 손이 살짝 떨렸다. 그 모습을 보며 내 마음은 통곡했지만 표정은 담담하게 유지했다. 엄마의 눈에서는 내가 걱정된다는 마음이 읽혔다. 물잔을 받아 드는 내 손도 덜덜 떨렸다. 서로의 떨림이 다른 이유로 시작되었지만, 그 순간 우리는 묘하게 닮아 있었다.

"우리 다음 주에 꽃구경 가자. 진달래랑 개나리가 예쁘게 피었더라."

엄마의 말씀에 나는 또다시 습관처럼 거절하려다 멈췄다. 그동안 얼마나 많은 제안을 거절했었나. "사진 찍자."는 말에 "싫어요, 나 지금 못생겼어."라고 대답했던 순간들. 지금 생각하면 그 모든 순간이 우리에게 주어진 선물이었다. 달력 위에 빨간 동그라미를 치며 다짐했다. 다음 주 일요일, 엄마와 함께 꽃구경 가기로.

오늘 아침, 엄마가 떨리는 손으로 천천히 약을 꺼내 드시는 모습을 지켜봤다. 창가에 앉아 햇빛을 받으며 약을 드시는 모습이 평화로워 보였다. 예전보다 느려진 움직임, 하지만 그 안에는 강인함이 있다. 병과 함께 살아가는 법을 배우고 있는 엄마의 모습에서 나는 용기를 얻었다. 지금까지 우울함에 빠져 허비한 시간이 아까웠다. 내 몸의 아픔에 집착하느라 보지 못했던 것들이 많았다. 이제는 달라질 것이다. 다리가 말썽이어도, 일어서지 못해도, 엄마와 함께할 수 있는 방법을 찾을 것이다.

어제저녁, 엄마와 함께 식탁에 앉아 오랜만에 이야기를 나눴다. 식탁 위 조명은 우리의 얼굴을 따뜻하게 비췄고, 창밖으로는 별들이 하나둘 모습을 드러냈다. 엄마는 자신의 꿈에 관해 말했다. 정원 가꾸기, 여행, 봉사활동. 그 목소리에는 여전히 설렘과 기대가 가득했다.

"다음 달에 가든 센터에 가서 씨앗 좀 사 오려고. 우리 집 베란다에 작은 텃밭을 만들어 볼까 해."

엄마의 말씀에 나는 미소 지었다. 엄마의 계획에는 미래가 있고, 희망이 있다. 만약 내일 아침 엄마의 손이 더 떨린다 해도 우리는 함께 씨앗을 심을 것이다. 느리게, 하지만 확실하게.

건강을 내 마음대로 할 수 없고, 흘러가는 인생은 멈출 수 없지만 언젠가는 끝이 오기에 시간의 소중함을 잊지 않을 것이다. 다음 주 꽃구경에서는 반드시 사진을 찍을 예정이다. 처음엔 어색할지 모르지만 그 순간들이 모여 우리의 추억이 될 테니까.

우리 모두 시간의 흐름 앞에서 무력하다. 부모님의 노화와 질병은 누구나 맞이하게 될 현실이다. 하지만 그 안에서도 우리가 할 수 있는 일이 있다. 오늘이라는 시간을 소중히 여기고, 함께할 수 있는 순간을 놓치지 않는 것. 저녁 식탁에서 나눈 대화, 함께 본 TV 프로그램, 손을 잡고 걷는 짧은 산책. 어쩌면 삶이란 그런 소중한 순간들의 연속일지도 모른다.

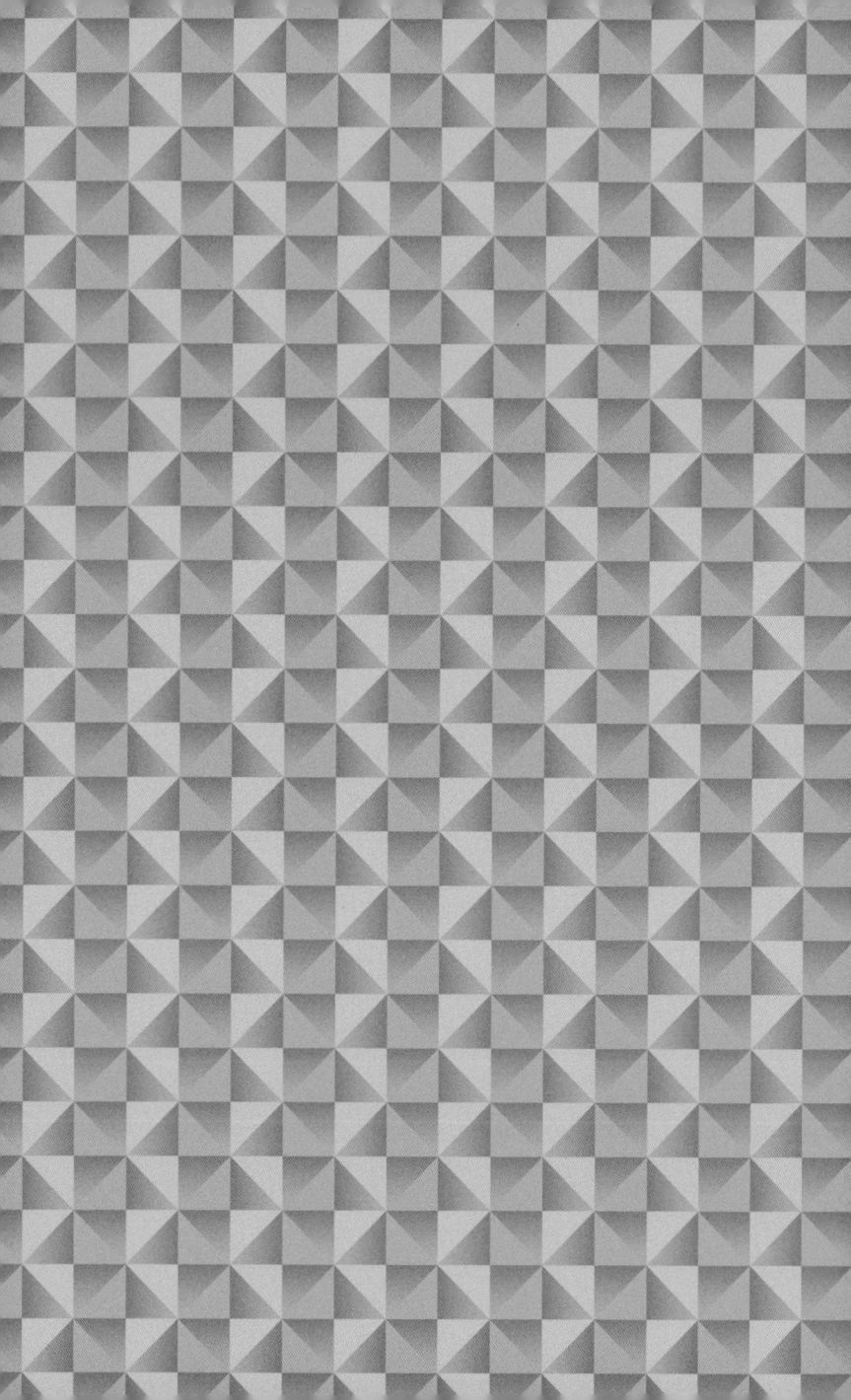

5부

살며시 찾아온 봄, 원피스를 꿈꾸다

"이제는 걱정 속에 갇히기보다, 그것을 바라보고 다루는 방법을 배우는 중이다. 몸의 회복이 마음의 회복으로 이어지는 데는 시간이 필요하다는 것을 받아들였다. 완벽하지 않아도 괜찮다. 작은 시도와 노력이 모여 언젠가는 내면의 자유도 찾게 될 것이다. 무언가를 손에 쥐고 집중할 수 있는 새로운 방법들을 찾아가는 지금, 나는 걱정과 함께 살아가는 법을 배우고 있다. 걱정을 없애려 하기보다는 그것과 함께 성장하는 방법을 찾아가는 여정이 시작되었다. 이 또한 자유를 향한 또 다른 발걸음이다."

♦♦♦
기다림도 용기다

"고민하지 말고 지금 당장 실행에 옮기세요."

명언이 귓가에 맴돌며 용기를 불어넣는다. 손끝이 떨리는 첫날, 아기 전문 스튜디오의 문을 열던 순간이 생생하다. 카메라 셔터 소리가 요란한 그곳에서 내 다리는 무겁게 땅에 뿌리내렸다. 피규어 매장에선 작은 인형들을 정리하다 갑자기 쏟아지는 식은땀과 어지러움을 참아야 했다. 어린이집에서는 아이들의 웃음소리가 귓가에 맴돌 때 손가락이 저려왔다.

"세아 선생님, 괜찮아요?"

동료의 걱정스러운 목소리가 들려올 때면 나는 억지 미소를 지어 보였다. 하지만 결국 매번 한 달을 채우지 못했다. 전환 장애는 내 의지와 상관없이 찾아왔다. 심리학책을 펼쳐 놓으면 글자가 춤을 추듯 흐트러졌고, 모래놀이 치료 세미나에선 견딜 수 없는 두통에 이마를 짚은 채 뒷자리에 웅크려 앉았다.

'이번엔 꼭 버텨야 해.'

독서 모임 날, 거울 앞에서 옷깃을 여미며 다짐했지만 카페 문 앞에서 다리가 굳어 버렸다. 영화관 계단을 오르다 갑자기 쏟아지는 무력감에 난간을 붙잡고 주저앉았던 그날, 내 스마트폰에는 '오늘도 못 가요, 죄송합니다.'라는 카톡만이 남았다.

20대의 시간은 그렇게 흘러갔다. 병원 침대와 집 침대를 오가는 삶. 30대가 되자 방 안의 벽지는 친구가 되었고, 천장의 작은 균열은 어디에 있는지 눈감고도 알 수 있었다. 노트북 화면 너머에서 사람들은 여행을 떠나고, 취업하고, 사랑을 했다. 내 손가락은 유튜브 화면을 넘기는 것만으로도 지쳤다. 오디오 북 속 성우의 목소리가 귓가에 맴돌 때, 문득 밀려오는 감정에 베개가 젖어 들었다.

'나도 걷고 싶어. 사람들과 웃고 싶어. 그저 평범하게 일하고 싶어.'

속삭임은 흐느낌으로 바뀌었다.

어느 날, 우연히 유치원 홈페이지에서 발견한 공고.

'단설 유치원 방학 중 돌봄 교사 모집'

손끝이 저리고 심장이 빠르게 뛰었다. 최근 몇 주간 발작 없이 걸을 수 있었고, 아침에 일어나는 것도 수월했다.

'한 달이라면…. 한 달이라면 할 수 있지 않을까?'

졸업 증명서가 들어 있는 서랍을 열자 먼지가 피어올랐다. 정교사 2급 자격증은 여전히 반짝였다. 손이 떨렸지만, 이번엔 설렘 때문이었다. 자기소개서를 쓰는 내내 가슴이 두근거렸다.

"세아야."

아빠의 목소리가 무거웠다. 거실 소파에 앉은 부모님의 표정에서 걱정이 묻어났다.

"지난번 도서관 아르바이트도 세 번째 날에 쓰러졌잖아. 지금 컨디션이 좋다고 느껴도…."

엄마가 말을 이었다.

"네가 시작했다가 포기하면, 다음에 더 힘들어질 거야."

창밖으로 눈이 내리고 있었다. 나는 졸업 증명서를 손가락으로 문질렀다. 처음엔 할 수 있다는 자신감으로 가득 찼는데, 부모님의 말에 용기가 서서히 바람 빠지는 풍선처럼 줄어들었다.

논산은 너무 작다. 유치원 실습 때 만난 영양사 선생님이 내 이름을 기억하는 동네. 어린이집 학부모가 도서관 사서인 동네.
"아, 당신이 그 집 딸이구나!"
치과에서조차 그런 인사를 듣는 곳. 여기서 실패는 곧 소문이 되고, 소문은 기회의 문을 닫아 버린다.
"누구네 아들은 결국 중학교 교사 그만두고, 서울로 도망갔대."
동네 미용실에서 흘러나오는 수다가 떠올랐다. 나도 그렇게 누군가의 입에 오르내릴까 두려웠다.

의사와의 상담은 짧았지만 묵직했다.
"저에게 한 달 동안 일할 기회가 생겼어요."
형광등 불빛 아래 의사의 안경이 반짝였다.
"원하면 해도 됩니다."
"만약 중간에 그만두게 되면…."

말을 고르는 내 입술이 떨렸다.

"이 동네에서는 두 번 다시 기회가 없을 거예요."

"왜 그렇죠?"

"모두가 서로를 알아요. 제 부모님을…. 저를…."

의사의 시선이 모니터로 향했다.

"신중해질 필요가 있겠네요."

결정을 내렸다. 서류는 서랍 속으로 들어갔다. 그런데 이상하게도 안도감이 밀려왔다. 지금은 때가 아니라고, 내 몸이 말해 주는 것 같았다.

오늘도 나는 작은 승리를 만들어 간다. 아침에 일어나 커튼을 열고, 내 손으로 차를 끓이는 일. 어제보다 5분 더 산책하는 일. 병원 가는 길에 혼자 버스를 타는 일. 작년엔 상상도 못 했던 일들이다. 컴퓨터 앞에 앉아 온라인 교육학 강의를 듣는다. 메모장에는 단정한 글씨로 필기가 채워진다. 체력이 허락하는 만큼, 하루에 한 강의씩. 급할 것 없다. 내년 돌봄 교사 모집에 지원하기 위해 차근차근 준비하는 나만의 시간표가 있다.

서랍 속 졸업 증명서는 기다려 줄 것이다. 내 몸도, 내 마음도 단단해질 때까지. 때로는 기다림이 도전보다 더 큰 용기를 필요로 할 때가 있다. 오늘의 작은 성취들이 내일의 큰 도전을 위한 디딤돌이 될 것이라 믿으며, 나는 내 속도로 나아간다. 거울 속 내 모습에 미소 짓는다.

'괜찮아, 서두를 필요 없어. 단단해지는 시간을 갖는 거야.'

낙엽이 쌓이듯 조금씩, 하지만 확실하게 성장하는 나를 믿기로 했다.

♦♦♦
마음의 창을 열고

 현관문 앞에 서 있다. 손잡이를 향해 뻗은 내 손가락이 떨린다. '나가고 싶다.'고 수십 번 되뇌었는데, 문고리에 손이 닿자 심장이 터질 듯 뛰고, 숨이 가빠온다. 보이지 않는 유리 벽이 나를 가두는 것처럼 한 발짝도 움직일 수 없다.

 침대에 누워 있던 날들, 다리가 아파 움직일 수 없을 때는 건강해지면 하고 싶은 일들을 노트에 빼곡히 적었다. 카페에서 혼자 책 읽기, 공원 벤치에 앉아 하늘 구경하기, 강아지와 함께 길게 산책하기. 분홍색 원피스 입기. 그런데 몸이 나아지자, 그 노트는 서랍 속에 고이 보관했다.

 '내일은 날씨가 너 좋을 거야.'
 '오늘은 사람이 많을 것 같아.'라는 핑계가 입에서 저절로 흘러나온다.

"엄마, 나랑 같이 나갈 수 있어?"

결국 현관문을 열 때도, 공원을 걸을 때도, 장을 볼 때도 엄마가 필요하다. 엄마의 따스한 손이 내 차가운 손을 감싸 쥐었을 때만 발걸음이 떨어진다.

한낮의 동네 공원. 봄볕이 나무 사이로 쏟아지고, 바람에 꽃잎이 흩날린다. 아름다운 풍경인데, 내 시선은 오직 발끝만 향해 있다. 모자를 깊게 눌러써 주변이 보이지 않는 게 편하다. 그런데 갑자기 귓가를 스치는 자전거 종소리에 심장이 덜컥 내려앉는다. 자전거를 타고 지나가던 아이가 나를 피해 급하게 방향을 틀었다.

"죄송해요."

나도 모르게 작은 목소리가 새어 나왔지만, 아이는 이미 멀어졌다.

'내가 길을 막고 있었나? 아이가 다칠 뻔했잖아.'

손바닥에 식은땀이 배어난다. 숨이 가빠지고 심장이 터질 듯 뛴다. 벤치에 앉아야 한다는 생각뿐이다. 그런데 벤치에는 이미 노부부가 앉아 있다. 내 시선이 그들과 마주치자 나는 당황한다. 그들은 그저 평범하게 앉아 있을 뿐인데, 나는 그들의 시선이 나를 판단하는 것 같아 견딜 수 없다.

'왜 이래? 네가 잘못한 게 뭐야? 그냥 공원에 나온 것뿐인데.'

머릿속에서는 이성적인 목소리가 들리지만 몸은 이미 경고 신호로 가득 차 있다. 심장은 벌렁거리고, 손은 떨리며, 시야가 좁아지는 듯하다. 공원의 소리가 한꺼번에 밀려들어 귀가 아프다. 결국 집으로 달려갔다. 현관문을 닫는 순간, 안도감과 자책감이 동시에 찾아왔다.

병원 가는 날은 하루 종일 전쟁터다. 버스 창가에 붙어 앉아 2시간 동안 풍경에만 집중한다. 지하철에서는 사람들이 하나둘 채워지기 시작하면 숨쉬기가 어려워진다. 손에서는 식은땀이 흐르고, 시야가 흐려지는 것 같다.

'숨을 쉬어, 천천히. 하나, 둘, 셋.'

그렇게 자신에게 속삭여 봐도 사람들 사이에서 내 존재감이 점점 작아지는 느낌이다. 마치 보이지 않는 거대한 손이 내 가슴을 누르는 것 같다.

'이게 공황인가?'

내 상태를 설명할 단어를 찾아보지만 그것이 나를 더 불안하게 만든다. 봄에서 여름으로 계절이 바뀔 동안 나는 현관문 앞에서 매일 작은 싸움을 벌였다. 어떤 날은 문고리를 잡는 것만으로도 승리였고, 어떤 날은 현관 앞 계단에 앉는 것이 전부였다.

'오늘은 텃밭까지만 가자.'
 첫 번째 도전은 마당 앞 작은 텃밭이다. 열린 공간이지만 집의 연장선상이라 덜 무서웠다. 방울토마토 모종을 심으며 흙을 만지는 동안 심장은 조금씩 안정을 찾았다. 이틀 후, 나는 아파트 단지 내 놀이터까지 걸었다. 다리가 후들거렸지만 아이들의 웃음소리를 들으며 벤치에 앉았다. 눈을 감고 햇빛을 느꼈다.
 '오늘은 여기까지. 내일은 조금 더 갈 수 있을지도.'
 한 주가 지나자 나는 초롱이의 목줄을 잡고, 단지 주변을 한 바퀴 돌 수 있게 되었다. 초롱이가 이끄는 대로 따라가며, 나는 불안 대신 그의 호기심에 집중했다. 초롱이가 냄새를 맡기 위해 멈출 때마다 나는 주변을 살펴보며 익숙해지기를 기다렸다.
 "초롱아, 천천히 가자. 우리 둘 다 용기가 필요해."

15분 산책이 30분으로 늘어났고, 어느새 단지를 벗어나 동네 카페 앞까지 갈 수 있게 되었다. 처음으로 혼자 편의점에 들어가 물을 샀던 날, 작은 승리를 맛보았다. 여전히 사람이 많은 곳은 어렵다. 지나가는 사람과 어깨가 부딪칠 뻔하다 심장이 덜컹 내려앉고, 순간 호흡이 가빠진다. 하지만 이제는 대처법을 안다.

"하나, 둘, 셋, 넷."

열까지 세는 동안 눈을 감고 깊게 호흡한다. 공원 벤치나 조용한 카페 구석은 내 임시 피난처가 되어 준다. 때로는 그냥 멈춰 서서 하늘을 본다. 어떤 날은 발걸음이 더 가벼워지고, 어떤 날은 여전히 무겁다.

오늘도 나는 현관문 앞에서 손잡이를 향해 손을 뻗는다. 여전히 심장은 빠르게 뛰지만, 이제 그 떨림을 조금은 받아들일 수 있게 되었다.

"괜찮아, 오늘은 할 수 있어."

심호흡을 하고 문을 연다. 봄바람이 내 얼굴을 감싼다. 작은 발걸음이지만 나는 오늘도 내 세계의 경계를 조금씩 넓혀간다. 누구에게나 두려움의 문턱이 있다. 나의 문턱이 다른 이들보다 조금 높을 뿐이다. 그리고 나는 매일, 그 문턱을 조금씩 낮추는 중이다. 때로는 뒷걸음질 치기도 하지만 결국 나아가는 걸음이 더 많아지고 있다. 마음의 창문을 열고, 세상의 바람을 맞는 일. 그것이 내가 매일 도전하는 작은 용기의 순간들이다.

걱정을 넘어, 자유의 발걸음

 몇 달 만에 다리가 돌아왔다. 몸이 가벼워져서 돌아올 것 같다는 생각이 들었는데 일주일이 지나고 나서 똑바로 걸을 수 있게 되었다.

 '드디어 자유다.'

 가벼운 발걸음. 운동화를 신을 수 있다는 뿌듯함. 상쾌한 바람을 쐴 수 있는 여유까지. 완벽한 나날이 시작되는 일만 남았다. 이번에는 밖에 나가는 게 두렵지 않다. 방 안에 있을 때는 '왜 이렇게 살아야 하지?', '언제까지 부모님의 도움을 받아야 하지?' 같은 걱정들로 머릿속을 복잡하게 만들었다. 이제 자유로워졌으니 걱정은 모두 날아갔다. 하루 종일 들뜬 마음으로 콧노래를 불렀다. 세상이 꽃밭이고, 나는 꽃길을 걸었다. 행복함에 취해 기분 좋은 하루를 보냈다. 하지만 침대에 눕는 순간, 잠이 오지 않고 정신이 번쩍해진다. 부모님과 동생들에 대한 걱정이 물밀듯이 밀려온다. 한 번 시작된 걱정은 꼬리에 꼬리를 물었다. 가족의 건강, 미래, 그리고 나 자신에 대한 생각들이 머릿속을 맴돌았다.

'나 뭐 하고 있는 거지?'

나이 드신 부모님, 각자의 길을 가는 동생들을 생각하니 30대 중반이 되도록 성취한 것 없는 내 모습이 부끄러웠다. 이런 생각들이 나를 갉아먹는다는 것을 알면서도 헤어나기 힘들다.

어느 날, 에세이를 읽다가 가족에 대한 내용을 접하며 읽기 힘들어졌을 때, 나는 과감한 결정을 내렸다. 책을 덮고, 옷을 갈아입고, 운동화를 신고 밖으로 나갔다. 정처 없이 걸었다. 복잡한 머릿속이 비워질 때까지 계속 걸었다.

걷는 것만으로는 부족할 때, 나는 새로운 방법을 시도한다. 좋아하는 노래를 크게 부른다. 주변의 나무가 몇 그루인지 세고, 횡단보도의 흰 선을 하나하나 세어 본다. 저 멀리 보이는 것들을 가만히 살펴보거나, 바닥에 앉아 하늘을 올려다본다. 그러다 보면 머릿속이 하얀 백지가 되는 순간이 찾아온다. 그 순간의 가벼움을 만끽하며 집으로 간다. 아쉽게도 이 방법은 일시적이어서 저녁이 되면 다시 걱정의 그림자가 나타난다. 하지만 나는 포기하지 않는다. 거실과 부엌, 방을 경보로 돌아다니며 몸을 지치게 만들어 생각을 잠재운다. 때로는 걱정 인형에게 속마음을 털어놓는다.

"우리 가족 모두 무탈하게 원하는 일을 하며 살게 해주세요."

드림캐처를 문 앞에 놓고 기도하기도 한다.

"오늘은 편하게 자게 해주세요."

명상이 무엇인지 모르지만 눈을 감고 숨을 들이마시고 내뱉는 것을 반복한다. 비록 5분을 넘기지 못하지만 그 짧은 순간이 내 마음을 잠시 쉴 수 있게 한다.

걱정은 걱정한다고 해서 사라지지 않고 오히려 증식한다는 것을 깨달았다. 매일매일 새로운 방법을 시도하며, 내 마음의 균형을 찾아가는 과정이 시작되었다. 메모지에 낙서를 하거나, 젠탱글을 그리며 마음이 편안해진다고 주문을 외운다.

이제는 걱정 속에 갇히기보다, 그것을 바라보고 다루는 방법을 배우는 중이다. 몸의 회복에서 마음의 회복으로 이어지는 데는 시간이 필요하다는 것을 받아들였다. 완벽하지 않아도 괜찮다. 작은 시도와 노력이 모여 언젠가는 내면의 자유도 찾게 될 것이다. 무언가를 손에 쥐고 집중할 수 있는 새로운 방법들을 찾아가는 지금, 나는 걱정과 함께 살아가는 법을 배우고 있다. 걱정을 없애려 하기보다는 그것과 함께 성장하는 방법을 찾아가는 여정이 시작되었다. 이 또한 자유를 향한 또 다른 발걸음이다.

❖❖❖
푸른 텃밭이 있는 나의 집

 너른 주택에서 강아지와 둘이서 지내는 중이다. 물론 내 집은 아니고 부모님 집이다. '저 푸른 초원 위에 그림 같은 집'을 상상했는데 처음 발을 들이는 순간 그 기대와는 거리가 멀었다. 리모델링 과정에서 여러 문제가 생겨 벽지, 천장, 화장실 등이 마음에 들지 않았다. 집을 볼 때마다 마음이 푹 꺼져 내려갔다.

 하지만 예상과 다르게 시간이 흐를수록 주택에 대한 애정이 생겨났다. 아침이면 창문을 열어 들어오는 바람에 커튼이 나풀거리고, 초롱이가 그 움직임을 따라 뛰어다닌다. 발소리를 신경 쓰지 않고, 마음껏 뛰어놀 수 있는 자유로움이 얼마나 큰 축복인지 알게 되었다. 어제는 초롱이와 함께 소파에서 뒹굴다 그만 거실에 있던 화분을 쓰러뜨렸다. 아파트였다면 아래층 항의 전화를 받았을 시간에 나는 화분 흙을 정리하며 웃었다.

옥상에 올라갔을 때의 그 느낌이란. 오래된 목제 의자에 몸을 기대고 하늘을 올려다보면 구름이 천천히 흘러간다. 가끔은 책 한 권을 들고 올라가 햇살을 받으며 읽는다. 초롱이는 내 발치에 웅크려 눈을 감고 햇볕을 즐긴다. 빨래를 널어놓으면 금세 마르는데, 이불을 들어 코에 대면 햇살의 향기가 가득하다.

집 안 곳곳에는 내 흔적이 조금씩 스며들었다. 거실 한편의 투명 장식장 속 피규어들은 내가 좋아하는 캐릭터들로 채웠는데 빛이 들어올 때마다 각각 다른 표정을 짓는 것 같았다. 그 옆으로는 심리학책과 모래놀이 치료 자료들이 꽂혀 있는데 밤이면 스탠드 불빛 아래 한 권씩 꺼내 읽곤 한다.

혼자 있는 시간이 심심하기도 하고, 규칙적인 생활을 하기 위해 식물을 키우게 되었다. 어느 봄날, 망설임 끝에 정원용 삽을 들고 집 마당의 작은 땅을 파헤쳤다. 흙을 만지는 순간 이상하게 마음이 편안해졌다. 첫 번째로 심은 것은 오이 모종이었다. 조심스레 흙에 심고 물을 주었을 때, 그 작은 초록 잎이 햇빛을 향해 고개를 드는 모습에 가슴이 설렜다.

매일 아침 이슬이 맺힌 텃밭으로 나가는 발걸음이 가볍다. 어제보다 오늘 더 자란 식물들을 보며, 나도 모르게 미소가 지어진다. 오이 줄기가 옆으로 뻗어 나가자 나무 막대기를 세워 방향을 잡아 주었다. 가지는 처음엔 잘 자라지 않아 걱정했는데, 어느 날부터 꽃을 피우기 시작했다. 보랏빛 꽃이 하나둘 늘어날 때마다 내가 성취한 것 같아 기뻤다. 텃밭 한쪽에는 봉선화, 분꽃, 메리골드, 코스모스를 심었다. 바람이 불 때면 춤을 추는 꽃들 사이로 나비와 벌이 날아든다. 순간 내가 동화 속에 들어온 것 같다.

텃밭 가꾸기가 항상 낭만적인 건 아니다. 비가 그친 어느 날 텃밭에 나갔다가 미끄러져 엉덩이에 진흙이 잔뜩 묻었다. 벌레들과의 전쟁은 생각보다 자주 치른다. 지난주에는 오이에 진딧물이 생겨 식초와 물을 섞어 뿌려야 했다. 아침 일찍 잡초를 뽑다 보면 이마에 땀이 맺히고, 손톱 밑으로는 흙이 가득하다. 하지만 이상하게도 이런 과정이 즐겁다.

오이를 처음 수확했던 날을 잊을 수 없다. 싱싱한 초록빛 오이를 조심스레 따서 부엌으로 가져왔다. 깨끗이 씻어 한 입 베어 물었을 때 그 아삭한 소리와 함께 입안 가득 퍼지는 신선한 맛에 감탄했다. 남은 오이는 얇게 썰어 고춧가루, 식초와 함께 무쳐 밥상에 올렸다. 내가 직접 기른 채소로 차린 첫 식사. 어떤 레스토랑 음식보다 맛있었다.

부추가 무성해지자 가위로 잘라 부추전을 부쳤다. 팬 위에서 지글지글 익어가는 소리와 향긋한 부추 향이 부엌을 가득 채웠다. 가지는 간장과 굴 소스를 넣고 볶아 밥 위에 얹어 먹었다. 식당에서 먹는 것보다 간이 덜 맞을지라도 내 손으로 가꾼 채소라는 자부심이 음식에 특별한 맛을 더했다.

여름이 깊어 갈 때, 텃밭 한편의 봉선화가 만개했다. 어릴 적 할머니께서 해주시던 것처럼 봉선화 잎과 꽃을 모아 굵은소금을 넣어 찧었다. 손톱에 물들어 가는 붉은색을 보며 어린 시절로 돌아간 듯했다. 가을이 오면 색이 사라지겠지만, 그 순간의 기쁨은 충분했다.

처음에는 식물을 키울 때 잘 몰라서 실수가 많았다. 물을 너무 자주 줘서 썩게 한 적도 있고, 햇빛이 필요한 식물을 그늘에 두기도 했다. 하지만 시간이 지나면서 조금씩 배워갔다. 오이는 목이 마른 아이처럼 자주 물을 원한다. 반면 가지는 흙이 말랐을 때 한 번에 푸짐하게 물을 주면 된다. 부추는 참 독립적인 아이다. 거의 신경 쓰지 않아도 알아서 쑥쑥 자란다.

아침 6시, 알람 소리보다 먼저 눈이 떠진다. 슬리퍼를 끌고 텃밭으로 향하는 발걸음이 가볍다. 이슬에 젖은 흙냄새를 맡으며 물이 필요한 식물들을 살핀다. 어제 뽑았던 잡초가 또 돋아나 있어 무릎을 꿇고 하나하나 뽑아낸다. 햇살이 강해지기 전에 일을 마치고 나면 하루의 시작이 상쾌하다. 어제는 초롱이가 나를 따라 텃밭에 나와 부추만 골라 뜯어 먹는 모습을 보고 웃음이 터졌다. 어쩜 잡초와 부추를 그렇게 정확히 구별할 수 있는 걸까?

텃밭을 가꾸면서 나는 내 마음도 함께 가꾸는 법을 배웠다. 불평의 잡초를 뽑아내고, 감사의 씨앗을 심는다. 이 집에 왔을 때 텃밭을 무시했다면 어땠을까. 아마 의지할 곳이 없어 외로웠을 것이다. 작은 텃밭 덕분에 나는 부지런해졌고, 소소한 행복을 알게 됐으며, 내 안에 꿈이라는 씨앗을 심게 됐다.

그 씨앗은 천천히 자라나, 이제는 모습을 갖추고 있다. 언젠가 이 주택에 작은 독립 서점과 카페를 열고 싶다는 꿈이다. 내가 아끼는 책들로 가득한 서가와 따뜻한 커피 향이 감도는 공간. 분홍색 원피스를 입고, 앞치마를 두르고 손님들에게 커피를 내어 주는 내 모습을 상상하면 가슴이 설렌다. 처음에는 마음에 들지 않았던 이 집에서 어느새 나만의 작은 세계를 만들어 가고 있다. 강아지와 함께, 정성스레 가꾸는 텃밭과 함께, 그리고 매일 조금씩 자라나는 꿈과 함께. 이제 이 집은 더 이상 부모님의 집이 아닌, 나의 '푸른 텃밭이 있는 집'으로 마음속에 자리 잡았다.

✦✦✦
『마이크로 리추얼』과 나의 여정

『마이크로 리추얼 : 사소한 것들의 힘』

책을 본 순간, 제목이 내 마음을 두드렸다. 책상 위 스탠드 불빛 아래, 첫 장을 넘기면서 나는 이 책이 내게 필요한 것임을 직감했다.

작가가 번 아웃을 경험하면서 극복한 이야기, 주변 사람들이 상담을 하면서 함께한 이야기, 그리고 이 모든 과정을 이겨 낸 사람들의 이야기가 한데 모여 내 마음의 작은 불씨를 지폈다.

마이크로 리추얼은 규칙적으로 행하는 자기 돌봄 의식을 뜻하는 '리추얼'과 아주 작다는 뜻의 '마이크로'를 합친 단어로, 하루 5분 이내로 실행할 수 있는 아주 간단한 최소 단위 습관을 뜻한다. 책을 읽고 난 뒤 나는 매일 아침 침대에서 일어나 첫 번째로 '이불 정리'를 한다. 구겨진 이불을 똑바로 펴고 매끈하게 정리하는 5분이 하루의 시작을 달라지게 한다. 정돈된 침대를 보며 '오늘도 잘할 수 있어.'라고 스스로에게 말하는 작은 의식이 내 하루의 리듬을 만든다.

또 다른 마이크로 리추얼로 '5분 산책'을 한다. 집 현관문을 열고 단지 주변을 한 바퀴 도는 것만으로도 충분하다. 어떤 날은 비가 내려 우산을 쓰고, 어떤 날은 차가운 바람에 목도리를 단단히 매고 나선다. 계절의 변화를 온몸으로 느끼며 걷는 그 짧은 시간이 내 마음을 환기시켜 주었다. 특히 기억에 남는 것은 초봄의 어느 날, 담벼락 틈에서 피어난 민들레 한 송이를 발견했을 때다. 그 작은 노란 꽃을 보며 나도 저렇게 어디서든 피어날 수 있을 거란 희망이 생겼다.

'종이에 선 하나 그리기'는 내게 가장 의미 있는 리추얼이 되었다. 처음에는 단순한 직선이었다가, 어느새 곡선으로, 때로는 나선형으로 변해 갔다. 그 선들이 모여 어느 날 한 편의 짧은 시가 되었고, 시는 점차 에세이로 발전했다. 기간을 정해 매일 꾸준히 하다 보니 변화하는 나의 모습을 발견하게 되었다.

이 책을 읽으며 가장 놀라웠던 점은 작가님이 10년 넘게 지속해 온 일이 내가 새롭게 찾은 꿈과 방향이 같다는 것이다. 작가님은 메일을 통해 사람들의 이야기를 들어 주고, 방향을 제시해 주는 친구 같은 상담사의 역할을 한다. 전문 상담사가 아니라는 사실을 내담자에게 강조하면서 함께 어려움을 헤쳐 나가는 모습에서 깊은 감동을 받았다.

'안녕하세요, 오늘은 어떤 하루를 보내셨나요?'라는 작가의 메일 시작 문구를 상상하며, 나도 언젠가 그런 따뜻한 대화의 시작점이 되고 싶다는 생각이 들었다.

유치원 선생님의 꿈을 이루지 못하게 된 후, 나는 길고 긴 방황의 시간을 보냈다. 대학 졸업장을 손에 쥐고도 어떤 일을 해야 할지 몰라 방 안에 웅크려 있던 날들. 그러던 어느 날, 오래된 일기장을 우연히 펼쳐보게 되었다. 초등학교 시절부터 빼곡히 채워 온 작은 공책들 속에서 나는 글쓰기를 사랑한 나를 발견했다. 그리고 문득 '작가'라는 단어가 내 마음에 불꽃처럼 피어올랐다.

처음 블로그를 개설하던 날을 잊을 수 없다. 하얀 화면 앞에서 무엇을 써야 할지 몰라 커서만 깜빡이던 그 순간의 두려움이란. 첫 글은 고작 세 문장에 불과했다. '안녕하세요.

오늘부터 글을 쓰기로 했습니다. 함께해 주세요.' 지금 보면 웃음이 나지만, 그 세 문장을 쓰기 위해 2시간을 보냈다.

이제는 블로그에 일주일에 한 번씩 글을 올리며 점점 글쓰기와 가까워지고 있다. 어제는 '비 오는 날의 창가'라는 주제로 천 자가 넘는 글을 썼다. 물방울이 유리창을 타고 흘러내리는 모습을 보며 떠오른 나의 어린 시절 기억을 풀어냈다. 글을 쓰고 나서 마음이 한결 가벼워지는 느낌이 들었다. 이렇게 글쓰기는 나의 또 다른 마이크로 리추얼이 되었다.

작가라는 꿈을 가지면서 알게 된 것은 사람은 저마다의 힘듦이 있다는 것이다. 밖에서 보기에는 멋지고 행복해 보이는 사람도 그 안에는 누구에게도 말하지 못한 아픔이 있을 수 있다는 것을 깨달았다.

오랜 시간 동안 사회와 단절되면서 문득 '아무도 나를 모른다.'는 생각에 서글퍼졌다. 하루 종일 집에만 있고, 다른 사람과의 소통이 어려워지면서 누군가 나에게 관심을 주었으면 하는 마음이 생겼다. '나를 잊지 말아 주세요.'라고 말하고 싶었다. 그렇게 생각하던 중, 프립 사이트에서 4주 동안 모르는 사람과 편지 친구를 맺는 편지 프로젝트를 발견했다. 호기심에 클릭한 페이지에서 참가자들의 후기는 내 마음을 뒤흔들었다.

'낯선 이에게 받은 편지가 이렇게 위로가 될 줄 몰랐어요.'

'손 글씨로 전해진 따뜻한 응원이 한 달 내내 저를 지켜 주었습니다.'

'편지를 기다리는 설렘이 제 일상에 작은 기쁨을 더해줬어요.'

화면 속 후기들을 읽으며, 나는 눈물이 핑 돌았다. 나도 누군가의 이야기를 들어 주고, 위로해 주는 사람이 되고 싶다는 마음이 강하게 들었다. 먼저 프로젝트에 참가해 보기로 했다. 첫 편지를 쓰던 날, 푸른색 편지지 위에 내 마음을 담아내는 것이 어색했다. 처음 만나는 이에게 어떤 이야기를 해야 할지, 어디까지 나를 보여줘야 할지 고민했다. 결국 나는 솔직해지기로 마음먹었다.

'안녕하세요, 저는 작가를 꿈꾸는 30대 중반 작가 지망생입니다. 오늘 아침에는 베란다에 핀 제라늄꽃을 보며 커피 한 잔을 마셨어요. 당신의 아침은 어땠나요?'

일주일 후, 우편함에 도착한 회신을 읽으며 나는 가슴이 떨렸다. 내 편지를 받은 이는 청주에 사는 40대 여성 교사였다. 학교에서 아이들을 가르치며 겪는 소소한 일상과 그녀만의 작은 행복들이 담겨 있었다. 특히 편지 끝의 한 문장이 내 마음에 깊이 새겨졌다.

'당신의 글이 누군가에게 꼭 닿을 거예요. 이렇게 저에게 닿았듯이.'

내가 잊지 않고 누군가를 기억하고 있다는 것을 손 편지에 꾹꾹 마음을 눌러 담아 정성을 다하는 시간이 나를 외로움에서 멀어지게 했다.

나에게는 특별한 공간이 있다. 할아버지가 물려주신 낡았지만 널찍한 주택이다. 햇살이 잘 들어오는 거실과 작은 텃밭이 딸린 이 집은 내 꿈의 씨앗을 키우는 터전이 되었다. 며칠 전, 거실 한쪽 벽을 노란색으로 칠했다. 그 벽을 배경으로 오래된 원목 책장을 세웠다. 아직은 내 책들로만 채워져 있지만, 언젠가는 많은 사람이 오가는 독립 서점의 서가가 될 것이다.

'마음의 쉼터, 글자들의 정원'이라는 이름을 떠올리며, 나는 이 공간을 상상한다. 따뜻한 햇살과 작은 원형 테이블이 놓인 카페 공간, 벽을 따라 빼곡히 꽂힌 독립 출판물들, 창가에는 사계절 식물들이 자라는 작은 화분들. 그리고 편지를 쓸 수 있는 아담한 편지 코너까지. 분홍색 원피스를 입고, 사람들과 함께할 날이 얼마 남지 않았다고 믿는다.

이미 내 방 한쪽에는 작은 작업실이 마련되어 있다. 여기서 나는 귀여운 편지지와 엽서를 디자인하며 굿즈들을 만드는 연습을 하고 있는 중이다. 지난주에는 처음으로 친구들을 위한 미니 북마크를 만들었다. 종이 위에 수채화로 꽃잎을 그리고, 그 위에 짧은 글귀를 써넣었다.

'당신의 오늘이 한 페이지의 아름다운 이야기가 되길.'

어제는 처음으로 그 꿈을 위한 구체적인 계획표를 만들었다. 첫 에세이집 출간, 독립 서점 오픈, 편지 커뮤니티 설립…. 아직은 먼 꿈처럼 느껴지지만 매일의 마이크로 리추얼을 통해 조금씩 가까워지고 있다.

나의 마이크로 리추얼은 오늘도 계속된다. 아침에 일어나 이불을 정돈하고, 5분 산책을 하고, 하루에 한 줄이라도 글을 쓰는 것. 그리고 이제는 매주 한 명에게라도 손 편지를 보내는 일이 더해졌다. 사람들과의 소통 속에서 나를 위한 시간을 보내다 보면 인생의 방향이 더 선명해질 것이라 믿는다. 나는 그 꿈을 위해 오늘도 한 걸음씩 나아가고 있다. 유리창에 맺힌 빗방울 하나, 길가에 핀 들꽃 한 송이, 낯선 이의 편지 한 장…. 이 모든 작은 것들이 모여 내 삶의 아름다운 이야기가 될 것이다.

❖ ❖ ❖
함께 살아가는 방법

 강아지와 산책을 하다가 우연히 플래카드를 발견했다.
'청년 정신 건강 프로그램'
 글자 밑에 음악 치료, 미술 치료, 원데이 클래스, 공감 동아리를 진행한다고 쓰여 있다. 나는 보자마자 신청을 했고, 프로그램에 덜컥 참여했다.
 보건소에서 주최하는 이번 프로그램은 올해부터 본격적으로 시작되었다고 한다. 대학교 교실을 빌려 오후 4시 30분부터 6시 30분까지 진행하는데, 담당자님과 진행자님을 포함해서 6~8명이 모인다. 일주일에 한 번 혹은 두 번의 만남 속에서 계속 함께하는 사람이 있는가 하면 중간중간 나오는 사람, 한 번만 나오고 오지 않는 사람 등 다양한 상황 속에서 프로그램이 진행된다.

"그럼 여러분은 외로워서 이곳에 오신 건가요?"

공감 동아리 시간, 진행자분께서 하신 말씀이다. 그 말에 잠깐의 정적이 흐른 뒤 모두가 함께 웃었다.

"논산에서는 사람 만나기가 어려워요. 만날 기회도 없고요."

"맞아요. 논산에서는 무언가 기대하기 힘들죠."

그 말에 나는 마음속으로 동의를 했다. 청년 인구가 많지 않다고는 하지만 그들을 위한 시스템이 갖춰져 있지 않기 때문이다.

"외국인 노동자를 위해 시에서 준비하는 걸 종종 볼 수 있어요. 대교 다리 밑 공원에서 외국인들을 위한 축제를 진행한다는 거 아시나요?"

그 말에 순간 당황을 했다. 청년을 위한 축제는커녕 커뮤니티, 프로그램을 찾기 힘든데 외국인에게는 시에서 이것저것 지원을 하고 있다는 이야기를 듣는 순간 이게 뭔가 싶었다.

물론 함께 더불어 살아가는 외국인을 챙기는 것은 반드시 필요하다. 하지만 논산의 중심이 될 청년들을 위한 정책을 찾기 어려운 현실에 씁쓸해졌다. 보건소에서 진행하는 프로그램만 해도 이번이 처음이기 때문이다.

"제 꿈이 청년들의 정신 건강뿐만 아니라 청년들을 위한 커뮤니티를 만들어 활성화시키는 거예요. 제가 열심히 아이디어를 내고, 함께할 사람을 찾고 있는데 현실은 어렵네요."

어느 날 보건소 정신 건강 담당자님께서 하소연하듯 하신 한 마디가 마음속에 자리 잡았다. 정말 할 수 있는 일이 없는 걸까?

공간을 가지고 있는 나는 보건소와 연계해 사람들과 소통하는 방법이 없을까 생각하는 중이다. 논산에서 태어나 논산에서 계속 살아갈 예정인 나는 조금이라도 논산에 보탬이 되고 싶다.

요즘 머릿속에 '청년'이라는 단어로 가득 차 있다. 어떻게 하면 함께할 수 있을까? 세상 밖으로 나오고 싶은 사람들에게 손길을 내밀 수 없을까? 보건소와 내가 힘을 합쳐서 프로젝트를 진행하는 것은 현실적으로 불가능한 일인가? 그렇다면 내가 먼저 나서 보려고 한다. 책을 출간해 내가 어떤 사람인지 알리고, 공간을 소개해 언제든지 사람들이 쉬어가게 하고 싶다. 이야기를 들어 주기 원하면 들어 주고, 연락을 원하면 먼저 연락을 하면서 말이다. 그러다 보면 서로가 서로를 의지하며 함께하는 관계가 되지 않을까 희망한다. 내 책이 그 시작점이 되길 바라며 오늘도 희망을 꿈꾼다.

♦♦♦

에필로그

분홍색 원피스를 고르며

　2018년 여름, 도서관의 선반 사이를 걸었다. 밥벌이에 대한 해답을 찾아 헤매던 날이기도 하다. 어쩌면 누군가의 글 속에 내 삶의 실마리가 숨어 있지 않을까.

　어린 시절부터 재능이라 불릴 만한 것이 없었다. 센스도, 순발력도, 눈치도 없었다. 나이를 먹을수록 세상은 그런 사람을 더 매정하게 대했다. 직장이란 단어는 내게 두려움 그 자체였다. 그러다 건강이 무너졌고, 일상적인 직장 생활은 불가능해졌다.

　'아프니까 일 안 해도 괜찮아.'

　한편으로는 안도했다. 세상의 요구를 피할 수 있는 방패가 생긴 것 같았으니까.

　'서른이 넘었는데 부모님 도움받고 산다니.'

다른 한편으로는 죄책감이 쌓여갔다.

나이가 들수록 안도감은 희미해지고, 죄책감은 짙어졌다. 시간은 흘러가는데 제자리에 멈춰 버린 불안감. 누군가의 지혜가 필요했다.

성인이 된 후로 대학 교재 외에는 책을 1년에 한 권도 읽지 않았다. 그러다 전환 장애 진단을 받고 난 뒤, 심리학에 관심을 가져 서점에서 심리학 원론부터 모래놀이 치료까지 닥치는 대로 책을 샀다. 하지만 페이지는 눈에 들어오지 않았다. 이해할 수 없는 단어들이 늘어날수록 책과의 거리는 멀어져 결국 책장 한구석에 먼지만 쌓였다.

'언젠가 읽어야지.'라는 다짐은 '평생 읽지 않을 것 같다.'라는 체념으로 바뀌었다.

그날, 도서관에서 우연히 글쓰기에 관한 책이 눈에 들어왔다.

'글쓰기는 쓰려는 의지만 있으면 됩니다.'
'매일 생각을 정리하는 것만으로 이야기는 시작됩니다.'

'무거운 엉덩이와 성실한 마음가짐만 있으면 누구든 할 수 있습니다.'

그 순간 가슴이 뛰었다. 직장 생활이 어려운 나에게 이보다 더 어울리는 일이 있을까?

2018년 가을, 처음으로 노트북 앞에 앉았다.
'나는 전환 장애 진단을 받고, 정신과 치료를 받고 있다.'
그러나 두 번째 줄은 나오지 않았다. 텅 빈 화면 앞에서 손가락만 떨었다. 어디서부터 시작해야 할지, 무엇을 말하고 싶은지 모르겠다. 글을 쓰려던 이유마저 희미해졌다.

다른 사람의 글에서는 교훈과 감동이 있는데, 내 글은 무엇을 줄 수 있을까? 솔직한 내 모습을 보여줄 용기도 없었다. 결국 한 줄 쓴 글을 마지막으로 노트북을 덮었다. 그리고 돈을 벌기 위해 현실로 돌아갔다. 그러나 건강은 악화되었고, 밖으로 나갈 수 없었다.

방 안에 갇힌 날들이 쌓여갔다. 어떻게 하루를 보낼지 고민하다 다시 책을 펼쳤다. 다른 사람들의 이야기 속에서 내 모습을 찾아보았다. 책 속 인물들은 고난을 겪어도 희망을 잃지 않았다. 해피엔딩이 없어도 앞으로 나아갔다.

2023년, 5년 만에 다시 펜을 잡았다.

이번에는 달랐다. 글이 언제 완성될지, 누가 읽을지 몰라도 포기하지 않겠다는 다짐이 있었다. 그리고 마침내, 책을 출간하는 기회를 얻었다. 믿기지 않았다. 성인이 되고 처음으로 결과물을 낸 것이다. 그동안의 방황과 좌절, 다시 일어서기를 반복했던 시간들이 한 권의 책이 되었다. 부끄럽지만 솔직하게 있는 그대로의 이야기를 담았다.

글로 표현하니 마음이 편해졌다. 책을 냈다고 인생이 한순간에 달라지진 않겠지만 한 명이라도 이 글을 읽는 사람이 있다면 그의 편이 되고 싶다.

삶을 살며 저마다의 무게를 짊어진다. 직장일 수도, 인간관계일 수도, 가족일 수도 있다. 이 글을 읽는 당신이 자신만의 길을 걸어가길 바란다. 당신 곁에 누군가 있다는 것을 잊지 않았으면 좋겠다. 나는 글을 쓰며 세상을 살아가는 법을 배운다. 내 씨앗은 꽃을 피울 준비를 하고 있다.

당신의 씨앗에도 꽃이 피는 날이 올 것이다.